# WUNDERBARES UNTERBEWUSSTSEIN

## GESUNDHEITSFÖRDERNDE
## ALTERNATIVE METHODEN
## WAHRNEHMUNGEN
## EINGEBUNGEN
## WUNDER

Buch

Jeder Mensch ist im Unterbewusstsein mit dem Wissen des Universums verbunden. Wir haben es nur durch die Inquisition, die Industrialisierung und die Schnelllebigkeit verlernt, Eingebungen und Wahrnehmungen wahrzunehmen. Das heißt, wir beachten sie nicht und wenn doch, nehmen wir sie nicht als die Wahrheit an.

Ich will mit meinen eigenen Erfahrungen und Erlebnissen zeigen, wie wertvoll und hilfreich Eingebungen und Wahrnehmungen sind.

Was mir auch sehr am Herzen liegt: es geschehen heute im Alltag immer noch Wunder, genau wie vor über 2.000 Jahren.

Ich erlebe bei meiner Arbeit als Humanenergetikerin immer wieder Erfolge, die mir wie Wunder vorkommen. Sie sind nicht erklärbar, aber wirken wunderbar.

Ilse Jedlicka
1210 Wien

Juli 2020/Okt. 2022

© 2020 Jedlicka, Ilse
Herstellung und Verlag: BoD – Books on Demand,
Norderstedt
ISBN: 9783751959117

# Inhalt

v

vi

*Das Wunder ist des Glaubens liebstes Kind*
Göthe, Faust I, Vers 766


*Die Hochzeit von Kana. – Ich kann das nicht glauben, sagte einer zu dem großen Hieronymus, das ist ja eine Unmenge Wein! Der Bibelgelehrte antwortete nachdenklich: Ja, wir trinken heute noch davon.*

L. Zetti: „Die wunderbare Zeitvermehrung"

# BEWUSSTSEIN

Das Wort „Bewusstsein", stammt vom Wort „Gewissen" ab. Es hat vielfältige Bedeutung, wird aber im Sprachgebrauch in der Verbindung von Geist und Seele verwendet.

## bewusst

Worauf wir uns erinnern können, ist uns „bewusst". Das sind Erfahrungen und das Wissen aus der Gegenwart. Aber auch alle Erinnerungen aus der Vergangenheit.

## unbewusst

Wir reagieren sehr oft unbewusst, das heißt, ohne zu denken, aber auch nicht aus Gewohnheit. Im Unterbewusstsein ist der Sitz der Weisheit aller vorangegangener Generationen von Vater und Mutter und die vergessenen Erfahrungen, sowie das vergessene Wissen der Gegenwart.

Das Wissen des ganzen Universums ist in der Energie enthalten, die wir „Akasha-Chronik" nennen.

Das heißt, alle Erfahrungen und Erlebnisse, die jeder Mensch im Leben auf der Erde macht, gehen durch den Tod nicht verloren, sondern bleiben als Energie erhalten.

Unsere Wahrnehmungen, Träume und Visionen, kommen aus der Akasha-Chronik.

## Wissen

Wissen entsteht mit lernen durch Zuhören, Ansehen oder Lesen.

Macht Ihres Unterbewusstseins

Es ist gut und schön und er hat auch Großteils Recht mit dem, was Joseph Murphy in seinem Buch: „Die Macht Ihres Unterbewusstseins" schreibt.

Ich aber glaube, das menschliche Unterbewusstsein ist der göttliche Funke in uns. Weiters glaube ich, dass niemand sinnlos auf der Welt ist, sondern dass jeder von uns Aufgaben ins Leben mitbekommen hat. Unsere Wünsche zu manifestieren ist eine Sache, den Willen Gottes zu leben, eine andere. Das heißt, für mich ist es vorstellbar, dass viele unerfüllte Wünsche zu unserem Segen beitragen. Es wäre theoretisch möglich, dass ich mir großen finanziellen Reichtum wünsche und an diesen Wunsch ganz fest glaube. Ich denke aber, Gott würde mir diesen Wunsch nicht erfüllen, weil er ganz was anderes mit mir vorhat. Ich bekäme wahrscheinlich durch finanziellen Reichtum Charakterzüge, welche nicht in das Gottesbild passen. Daher ist es immer wichtig, Gott bzw. das Universum oder wie auch immer Sie die Macht nennen, die stärker ist als wir Menschen es sein können, nach seinem Willen zu fragen und unsere eigenen Wünsche dabei erstmals auszuschalten. Es ist dann wohl das Unterbewusstsein und meiner Meinung nach Gott oder wie Sie es nennen, der uns ganz deutlich die Richtung weist. Manches Mal so deutlich, dass es auch ein blinder Mensch versteht. Dabei kommt es darauf an, ob ich dem Willen Gottes folge oder meinen eigenen Willen durchsetzen will. Gott hat uns den freien Willen gelassen.

Eine Schulfreundin erzählte mir einige Male von ihrer gescheiterten Ehe und dass sie sich aber nicht scheiden lassen will. Die vier Kinder sind erwachsen und haben Familien. Sie hat einen Geliebten und ihr Mann hat eine Geliebte. Nachdem sie seit der Eheschließung nicht beruflich tätig war, musste ihr der Ehemann Unterhalt zahlen. Da er eine hohe Pension bekommt, ist auch ihr Unterhalt entsprechend hoch. Also Geldsorgen muss sie keine haben, auch wenn sie geschieden wäre.

Als ich sie einmal fragte, ob sie schon Gott gefragt habe, was er will, hat sie mich mit großen Augen angesehen. So, als ob sie mir sagen wollte ich sei meschugge. Gott kann doch nur wollen, dass sie verheiratet bleibt und ihr einen Geliebten verbietet. Bei meiner vorherigen Frage, ob sie ihren Mann immer noch haben will, sagte sie mir: „Ich will meinen Mann nicht verlieren, aber meinen Geliebten auch nicht."

Nun aber erklärte ich ihr, sie solle vorm Schlafengehen Gott fragen, was er von ihr erwartet. Sie sah mich ängstlich dabei an, als hätte sie Angst auf etwas verzichten zu müssen. Daher erklärte ich ihr: „Höre auf Gottes Botschaft, nachher kannst du immer noch machen, was du willst."

Inzwischen sind über zehn Jahre vergangen. Sie hat Gott nicht gefragt, ist immer noch verheiratet und hat seither den dritten Geliebten.

Meine Mutter hat mir einmal erzählt, dass sie mit einer Frau gesprochen hat, welche eine gelähmte Tochter hatte. Sie musste dieser sogar Windeln geben und das Essen löffelweise verabreichen. Diese Tochter war damals ca. 20 Jahre alt. Die Frau erzählte meiner Mutter, dass sie als ihre Tochter erkrankte, Gott inbrünstig gebeten hat, ihr Kind nicht sterben zu lassen. „Nun lebt sie", endete die Frau ihre Erzählung „und ich würde mir das nie mehr im Leben wünschen".

Jesus betete am Ölberg: „Vater, lass` den Kelch an mir vorübergehen, aber nicht mein, sondern dein Wille geschehe." Dieser Satz ist es, denn ich immer wieder spreche, denke und fühle, so sehr, dass er auch in meinem Unterbewusstsein verankert ist.
Ich mache oft die Erfahrung, dass Gottes Wille nicht ident ist mit unseren Wünschen und Vorstellungen. Ich glaube, die meisten Menschen haben bestimmte Vorstellungen von Gott oder Gottes Willen. Es bringt mich immer wieder zum Staunen, wenn ich merke, dass Gott ganz was anderes vorhat, als wir uns vorstellen können. Murphy hat schon recht, wenn er schreibt: „Sie müssen sich mit dem Guten identifizieren", trotzdem

glaube ich, dass es zur Erfüllung Gottes Willen braucht. Wenn unsere Wünsche in die Evolution passen, werden sie sich erfüllen und uns glücklich machen, aber wenn Gott etwas anderes mit uns vorhat, können wir uns auf den Kopf stellen – es wird nicht passen. Wichtiger erscheint mir, dass wir lernen Gottes Willen anzunehmen. Ich habe schon viel Leid erlebt und bin jedes Mal reicher und glücklicher daraus entstiegen, weil ich es als Fingerzeig Gottes angesehen habe und sich mein Bewusstsein danach entsprechend gebildet hat.

In jeder Religion, nicht nur in der christlichen Tradition scheint die Hölle auf, oder der Hölle Vergleichbares.
Ich glaube, dass der Himmel, die Hölle u. das Fegefeuer in uns selbst sind. Davon wurde ich durch die Todesnaherlebnisse bei meinem Unfall vor Jahren überzeugt. Den Himmel erfahren, werden jene Verstorbenen, welche „loslassen" können. Wer sich, aus welchen Gründen auch immer, an das Leben „klammert" wird dementsprechend Fegefeuer oder Hölle erfahren. Loslassen kann man am besten, wenn man mit dem Jenseits vor Augen lebt. Das heißt, wer glaubt nach dem Tod ist alles aus, wird mehr am Leben klammern und nicht loslassen können, wie jemand der fühlt, danach kommt etwas, was vielleicht oder für mich sicher, viel wertvoller ist als das irdische Leben. Selbsttötung ist allerdings keine Lösung, um schneller dahin zu gelangen, weil durch Selbstmord die Evolution mit dem eigenen Willen durchbrochen wird. Das würde wieder die Hölle bedeuten.

In Moraltheologie wurde vor Jahren meine Meinung bestätigt, dass jeder Mensch Verbindung mit Gott hat. Wir würden keinen Priester, Guru, Lama oder Papst brauchen. Unser Gewissen sagt uns, was richtig oder falsch ist. Danach sollten wir handeln. Nach dem Gewissen, nicht nach den eigenen Wünschen oder Gedanken.

# Weisheit

„Höhere Gewalt", ich nenne es den Willen Gottes. Um Weisheit zu erlangen, hat uns Gott, außer der Weitergabe von einem Menschen an einen anderen oder von einer Generation zur nächsten, die Erinnerung unserer Seele - unser Unterbewusstsein gegeben.

Durch sie können wir Weisheit schöpfen. Schöpfen – aus der göttlichen Quelle. In der Seele ist das ganze Wissen des Universums gespeichert. Weisheit entsteht aus Erlerntem, durch eigene Erfahrungen und durch Wahrnehmungen. Nicht jeder wird durch Lernen und eigenen Erfahrungen weise. Es kommt darauf an, ob man es wichtig nimmt oder es wieder vergisst. Nur wenn man das Gelernte und die eigenen Erfahrungen umsetzt und anwendet wird man weise.

Ich glaube, es ist dabei auch sehr wichtig, dass man das Unterbewusstsein „anzapft" oder „abruft", sich dafür „öffnet". Die Möglichkeit dazu hat jeder Mensch. Die Begabung dafür spielt meiner Meinung nach, eine große Rolle. Es ist wie bei den Gaben, wovon der eine diese und der andere jene hat. Wie kann man sich für das Unterbewusstsein öffnen oder abrufen?

Öffnen kann man sich zum Beispiel durch Kontemplation, Meditation oder Gebet. Oft aber kommt eine Wahrnehmung aus heiterem Himmel. Man müsste diese Wahrnehmungen nur ernst nehmen und als Wahrheit annehmen, was in der heutigen Zeit wenige Menschen tun.

Anzapfen oder Abrufen kann man zum Beispiel mit „austesten" wie es Humanenergetiker z.B. Kinesiologen praktizieren. Auch durch Channeling mit Verstorbenen oder übernatürlichen Wesen wie Meister, Heilige oder Engel.

Ich weiß nicht, aus welchem Buch ich es kopiert habe, der Autor/die Autorin möge mir verzeihen. Die Aussage dieser Autorin oder des Autors über Weisheit ist schon Weisheit.

„Weisheit sieht soweit und so tief, sie blickt vor die Vergangenheit und hinter die Zukunft. Mit anderen Worten, Weisheit setzt ein, ohne irgendwelche Fehler zu machen, weil sie die Situation so deutlich erkennt. Zum ersten Mal müssen wir deshalb beginnen, mit Situationen umzugehen, ohne den verblendenden Fehler zu machen, von einem ICH auszugehen, das noch nicht einmal existiert. Wenn wir diesen Schritt getan haben, werden wir tiefe Einsichten gewinnen und bisher unbekannte Erfahrungen machen, weil wir zum ersten Mal so etwas wie eine neue Dimension wahrnehmen. Wir werden erkennen, dass wir uns tatsächlich zur gleichen Zeit, während wir auf dem Weg weitergehen, bereits am Endziel befinden. Das kann aber nur dann sein, wenn es am Anfang kein ICH gibt und wenn keine Erwartungen vorhanden sind."

# WUNDER

Wunder nennt man Erlebnisse, die von der Wissenschaft nicht erklärbar sind. Außergewöhnliche Ereignisse, die Ver-**wunder**-ung oder Erstaunen hervorrufen, nennt man Wunder.

## Überlebender in Grube/Bergwerk

Im Juli 1998 geschah das Grubenunglück in Lassing in Österreich. Von 1983 bis 1987 lebte ich in einem kleinen Ort in Kärnten, in dem damals noch ein Bergwerk in Betrieb war und ich mich beruflich mit den Kumpels aus der Grube, verbunden fühlte. Wahrscheinlich deswegen empfand ich besonders bei diesem Unglück intensive Betroffenheit. Den Fernseher hatte ich aufgedreht, um immer die neuesten Nachrichten zu hören. Als in Erwägung gezogen wurde, dass die Suche nach einem Überlebenden abgebrochen werden sollte, war ich erst sehr erschrocken. Dann rief ich unter anderen Persönlichkeiten auch den Bergwerksdirektor, den ich von damals kannte und auch nachher bei Umweltkonferenzen (z. B. bei der Gründung vom Klimabündnis) getroffen habe, an. Ich habe gebeten, nicht aufzuhören zu suchen, denn dieser Mann lebt noch. Ich bekam von jedem den ich angerufen habe zur Antwort, dass das nicht möglich ist, das Wasser hat alles „absaufen" lassen. Ich fühlte aber, dass es eine Luftblase gibt, in der er eingeschlossen ist. Meine klare, eindeutige Aussage: „Wenn ihr jetzt aufhört zu suchen, ist das Verrat gegen alle Kumpels auf der Welt." dürfte angekommen sein, denn es wurde weitergesucht.

Am nächsten Tag begab ich mich auf eine Studienreise nach Israel. Ich hatte zu der Zeit noch kein Handy, daher bat ich Mitreisende, als sie zu Hause anriefen, zu fragen wie es den Bergleuten in Lassing geht. Da bekam ich einmal die Nachricht, dass der Verschüttete ein Lebenszeichen gegeben hat. Ich war tief berührt und sprachlos, deshalb musste ich ein Stück von der Gruppe weggehen, denn wer würde verstehen, was ich empfinde?

O Gott, was tust DU mit mir? Niemand außer einer guten Bekannten, die mich bei dieser Reise begleitete, hat mir geglaubt, dass er noch lebt. Am Abend erfahre ich, der Bergarbeiter ist im Krankenhaus in Graz und es geht ihm gut.

Am Flughafen in Wien, legte ich noch vor der Abreise das Schicksal dieses Menschen in die Hände Gottes. Sei DU ihm Trost, solange er lebt. Gib ihm Ruhe und Frieden. Lass ihn die Zeit nicht merken, die er ganz allein in der Finsternis erleben muss.

Erst zu Hause erzählten mir meine beiden Töchter näheres. Genau das, worum ich Gott gebeten habe, ist eingetroffen. Der Überlebende meinte drei Tage eingeschlossen gewesen zu sein und nicht 10 Tage!!!

Gott, DU ließest wieder ein Wunder geschehen.

Gott hält, was er verspricht

1987 war es, als ich Gott fragte, was er denn noch von mir will. Ich habe ihm schon alles gegeben, außer meine Kinder und mein „Daheim" mit dem Dobratsch gegenüber. (Ein Berg in der Nähe von Villach in Kärnten.) „Bitte nimm mir nicht auch noch meine Kinder und den Dobratsch." Zwei Wochen später saß ich die ganze Nacht beim Fenster, um mich vom Dobratsch zu verabschieden, weil es für meine beiden Kinder und mich besser war, nach Wien zurückzukehren. Plötzlich wurde ich ruhig und spürte, wie zum ersten Mal in meinem Leben, Demut meine Seele völlig ergriff. Ich habe mich Gott ganz hingegeben. Die Bitte war eine wirkliche BITTE: „Wenn DU auch noch einen körperlichen Schmerz verlangst, BITTE tue ihn mir an, BITTE nicht meinen beiden Kindern."

Nur ein halbes Jahr danach hatte ich einen Unfall, wobei meine rechte Seite und die Wirbelsäule, verletzt wurden. Mein rechtes Bein blieb verkürzt und unförmig, meine Kreuzbänder eingerissen und mein Rücken sowie die Schultern kamen auch nicht mehr ganz in Ordnung. Dazu muss ich sagen, das Einzige, was mir an meinem Körper bis dahin gefiel, waren meine Beine. Durch den Sport, den ich vorher betrieben habe, hielt ich meine Figur im Rahmen. Als ich im Krankenhaus lag, wurde mir bewusst, dass Gott mir damit die Antwort gegeben hat. Immer wieder sagte ich mir: „Lieber mir als den Kindern." So oft ich mich wegen meines Körpers schäme - ich habe ca. 40 kg zugenommen, weil der aktive Sport für mich nicht mehr möglich ist - werde ich an das Versprechen Gottes erinnert. Er hält sein Wort und verschont meine Mädels. Bei diesem Unfall hatte ich ein sogenanntes Kurz- und ein Nahtoderlebnis, wo ich Gottes Nähe fühlte. Ich empfahl ihm meine Kinder mit der Bitte, ihnen kein schweres Leid zufügen zu lassen.

Sieben Jahre später: Meine jüngere damals sechszehnjährige Tochter war übers Wochenende in Niederösterreich bei den Großeltern. Da hatte sie mit ihrer Cousine und einer Freundin einen Autounfall, bei dem es ein Wunder war, dass sie nicht schwer verletzt wurde. Die Gendarmen meinten, dass die Mädchen einige Schutzengel gehabt haben müssten, weil sie überlebt haben. Meine Tochter hatte in der noch warmen Zeit eine Winterjacke angezogen, die ich ihr zufällig zwei Tage vorher gekauft hatte und die ihr so gut gefiel, nicht weil ihr kalt war erzählte sie mir nachher, sonst wäre sie nach den Angaben der Ärzte wahrscheinlich gelähmt oder tot. Die Gendarmerie-Beamten zeigten mir Fotos und die Spuren, wo sich das Auto, das meine 16jährige Nichte lenkte (ohne Führerschein, die Führerschein- und Wagenbesitzerin saß daneben), überschlug. Das Auto blieb am Dach liegen und war so zusammengedrückt, dass die Mädchen die Türen nicht öffnen konnten, mit der Angst, der Wagen würde gleich brennen, weil Rauch vom Motorraum herausquoll.

Zur selben Zeit als der Unfall passierte, dachte ich: „Ich muss meinen Bruder anrufen. Wenn meine Tochter bei ihm in dem kleinen Ort ist, muss er achten, dass ihr kein Unglück passiert." Ich dachte dabei an die Sicherheitsvorkehrungen bei radioaktivem Unfall eines Kernkraftwerkes. Nicht erst einige Tage, sondern einige Monate vorher hatte ich einen Kurs für Zivilschutz besucht und damals auch vorgesorgt. Nun kam es mir in den Sinn, meinen Bruder auf die Gefahren aufmerksam zu machen, aber auch darum zu bitten, dass er meine Tochter in seine Obhut nimmt.
Zur gleichen Zeit, da ich vergeblich meinen Bruder telefonisch zu erreichen versuchte, rief mich mein Neffe in Wien an, um mir die Unglücksbotschaft mitzuteilen. Zirka eine halbe Stunde vorher schreckte meine ältere Tochter aus dem Nachmittagsschlaf (es war Feiertag) und erzählt mir ganz verdattert, sie hätte geträumt, ihre Schwester, also meine jüngere Tochter, war in einem Auto eingeschlossen und wollte ein Fenster öffnen aber konnte es nicht. „Sie braucht Hilfe", meinte meine Tochter.

Als meine ältere Tochter und ich ins Krankenhaus fuhren, machte ich Gott auf sein Versprechen aufmerksam. „Du hast mir doch versprochen...." Ich fühlte aber auch, dass alles gut werden würde. Das heißt, im hintersten Winkel war die Angst, kann ich mich auf Gott verlassen? Ich konnte mich auf ihn verlassen. Nach zwei Wochen meinten die Ätzte es wäre wie ein Wunder, denn man sah nichts mehr im Röntgen von fünf angeknacksten Wirbeln und von einer Absplitterung. Jedoch ihre Seele, die seit schlimmen Erlebnissen im vorangegangenen Jahr krank war, hat durch das Inferno bei dem Unfall wieder gelitten.

Meine Liebe zu ihr war wohl stark genug und meine Erfahrung mit Depressionen groß genug, sodass ich meine Tochter wieder aus den Depressionen herausführen konnte. Auf jeden Blick und jedes Wort von ihr achtete ich. Veranstaltungen und Konferenzen sagte ich ab, um so viel Zeit wie nur möglich in ihrer Nähe zu verbringen und wir führten stundenlange Gespräche.

Wir redeten oft viel miteinander, das brauchte sie immer schon, aber da führten wir Gespräche, um sie seelisch wieder gesund zu machen. Auch im Krankenhaus wollte sie, dass ich in der Früh komme und bis nach der Abendtoilette bleibe. Zum Glück hatte ich arbeitsmäßig freie Zeiteinteilung und konnte nachts arbeiten. Sie musste wegen der Wirbelsäule flach liegen. Ich habe sie gefüttert und ihr die Leib-Schüssel gebracht. Die intimsten Dinge machte ich für sie oder mit ihr. Ich habe ihr vorgelesen oder lag bei ihr im Bett und hielt sie in meinen Armen. Wir waren so miteinander verbunden, dass ich das Gefühl hatte, wir wären Eins.

Nach einem Jahr war sie so, wie ich mir ein Mädchen mit 17 Jahren vorstellte. Sie sagte mir, sie sei glücklich - und ich war es mit ihr.

Wir standen in Flammen

Es ist etwa zwanzig Jahre her, einige Wochen vor Weihnachten, als meine ältere Tochter in ihrer „Jungfrauenwohnung", die neben meiner Wohnung lag, Kerzen gießen wollte. Zu diesem Zweck stellte sie einen alten, von ihrer Großmutter - die meine Mutter ist - „geschnorrten" Topf, angefüllt mit hartem Wachs auf den Elektroherd. Klug, wie sie meinte zu sein, schaltete sie auf mittlere Hitze, ging in ihr Zimmer und schloss die Tür. Zum Glück eine Glastür. Als sie den Feuerschein durch das Glas sah, lief sie in die Küche, nahm mit einem Tuch den Topf und stellte ihn in die Dusche.

Um uns zwischen den beiden Wohnungen verständigen zu können, hatten wir lange Zeit vor diesem Erlebnis ein Kindertelefon installiert und Klingelzeichen für verschiedene Anlässe vereinbart. In ihrer Aufregung gab sie das Zeichen zum Aufwecken. Ich war verwirrt, denn es war ca. 23 Uhr. Als ich gerade überlegte ob sie vielleicht eingeschlafen ist, bald darauf wieder aufwachte und meinte es sei Morgen, hörte ich vom Gang her ihre Tür und einen Schreckruf nach der „Mama". Schnell war ich bei ihr, sie erklärte mir kurz was geschehen war. In der Eile ließen wir die Tür zum Gang offen. Wolldecke hatte sie keine, also nahm ich ein Hangerl und schob meine Tochter hinter mich. Ich bin gerade nicht schlank und dachte, mein Figürchen würde sie schützen, dem auch so war. Die Flammen schlugen fast bis zur Decke. Ich beugte mich in die Dusche, legte schnell das Tuch über den Topf und erstickte damit das Feuer.

Plötzlich aber ein Knall, brennendes Wachs spritzte bis zur gegenüberliegenden Wand, streifte mein Gesicht, Brust, Arme und Beine. Ich spürte ein Brennen am Körper. Der ganze Raum war in Flammen gehüllt. „Da kann ich nichts mehr machen", dachte ich nur und rief meiner Tochter zu, sie solle die Feuerwehr von der nebenan liegenden Wohnung anrufen. Dann wollte ich alles auf einmal machen. Meine Tochter zur Tür hinausschieben, damit sie außer Gefahr ist und weil sie mir zu langsam war, selbst die Feuerwehr rufen. Lichterloh brannte es hinter mir.

Als wir beide zur gleichen Zeit aus der Tür wollten, weil meine Tochter plötzlich stehen blieb und etwas sagte, was ich erst gar nicht wahrnahm, wurde ich gestoppt.

Als sie wieder rief: „Mama es ist vorbei", denke ich heute, dass ich da auch noch der Meinung war, sie will sagen, dass alles verbrennt. Als sie aber diesen Satz wiederholte, wurde mir bewusst, dass etwas Beruhigendes in ihrer Stimme war und drehte mich noch einmal um. Sie hatte recht - es war vorbei.

Als Beweis, dass wir beide nicht geträumt haben, brannten die Fransen eines Handtuches, das auf der Außenseite der Dusche hing. Das Handtuch bewahre ich als Andenken auf. Wir fuhren dann beide ins Krankenhaus, weil der Schmerz in meinem Auge stärker wurde. Lange dachte ich darüber nach, warum alles in diesem Raum in Flammen stand und obwohl er auch als Waschküche diente, daher Wäsche und Handtücher herum lagen und hingen, wirklich nichts verbrannte. Wir befragten verschiedene Leute über die eigentümliche Explosion, denn das Feuer war schon gelöscht.

Man sagte uns, dass wir Glück hatten, da die Tür offen war, sonst wären wir beide schlecht davongekommen und die Fenster wären geborsten.
Ob das ein Wunder war?

2014 zu Weihnachten schenkte mir meine Tochter als Erinnerung an damals, den Hl. Florian als Schutzpatron. Er ist fünfunddreißig Zentimeter groß, aus Gusseisen daher schwer. Ich habe ihn auf einen Platz gestellt, von dem ich mir sicher bin, dass er nicht einerseits Feuer abhält, aber wenn er herunterfällt, jemanden verletzt.

Gibt es Gott im Alter der Flugzeuge noch?
Als Bibelrundenleiterin habe ich im April 2011 mit folgendem
Text in einem Falter eingeladen:

Gibt es Gott im Zeitalter der Flugzeuge immer noch?
Oder hat Gott vor zweitausend Jahren aufgehört uns zu lieben?

*Der Glaube macht den Verstand nicht überflüssig.*
*Wenn der Glaube wahr sein soll, muss er das Geglaubte verstehen*
*wollen, und zwar nicht um mit dem Geheimnis Schluss zu machen,*
*sondern um seine wirklichen Dimensionen erahnen und die*
*gnadenhafte Logik Gottes voller Staunen besingen zu können.*
*Leonardo Boff*

Die Bevölkerung wird in den Medien über das Fehlverhalten
der Kirchenführung informiert. Man hört aber so selten davon,
wie lebendig Gott in jedem von uns ist.
Jesus wollte keine hierarchische Kirche wie wir sie kennen
gründen, sondern er wollte Gemeinschaft.
Gemeinschaft mit Gleichgesinnten!

In der Bibel sind Gottesbegegnungen und Wunder alltäglich -
also, bis vor zweitausend Jahren?

Es gibt sie auch heute noch - die - WUNDER.
Gott ist heute noch genauso existent, wie zu Zeiten von Adam
und Eva. Nur, wenige reden darüber. Betrachten wir mit
unseren Augen die Botschaften der Bibel.
***
Ich habe bis zu meinem 18. Lebensjahr den Religionsunterricht
besucht, trotzdem hatte ich keine Antwort, als mich meine
damals etwa 10-jährige Tochter fragte: „Mama, wie kann ich an
einen Gott glauben, der sagt, du darfst nicht töten, aber alle
Ägypter tötete, als sie die Israeliten verfolgten?"
Daraufhin habe ich viele Theologen darüber befragt, doch
keiner, außer unser damaliger Pfarrer Stephan Schwarz hatte
eine Antwort. Für mich war das der Anlass zweieinhalb Jahre
ein Bibelstudium zu machen, anschließend einige theologische

Kurse zu besuchen und mich viele Jahre mit der Bibel auseinander zu setzen.

Nun betrachte ich die Aussage der Bibel mit meinen eigenen Augen und lasse mir nicht von Theologen vorgekaute Meinungen „aufdrücken".

Um nicht „einseitig" zu denken, habe ich mich vor vielen Jahren intensiv mit den fünf Weltreligionen und verschiedener Konfessionen der Christen auseinandergesetzt. Beziehungsweise - begonnen hat es, als ich mit zweiundzwanzig Jahren einem wunderbaren Mann begegnete, der Moslem war. Ich dachte damals: „Nur weil ich in eine römisch-katholische Familie hinein geboren wurde, muss es nicht sein, dass das auch unbedingt meine Religion ist." Meine Entscheidung fiel für die röm. kath. Kirche aus, obwohl Maria damals für mich schon nicht mehr die „Mutter Gottes" war. Sie hat mich zu sehr enttäuscht und als Jesus in der Öffentlichkeit auftrat, ist sie mit ihm auch nicht so umgegangen, wie ich mir das von einer Mutter wünsche.

Der Grund, dass ich aus der röm. kath. Kirche noch nicht ausgetreten bin ist wahrscheinlich jener, weil ich als Erwachsene diese Entscheidung selbst getroffen habe ohne dazu verpflichtet oder bevormundet worden zu sein. Nun hat das mit Treue zu tun, ich bin im Christentum beheimatet - ich bin Christin.

Es ist zwar schmerzlich für mich zu sehen, wie oft die Obrigkeit der röm. kath. Kirche gegen Gottes Willen handelt, bzw. vorgibt den Willen Gottes besser als wir - ihr Fußvolk, zu kennen.

Oder ist den führenden Männern der röm. kath. Kirche wirklich nicht bewusst, dass Gott z. B. auch Frauen, oder Männer mit Partnerin als Priester wünscht? Dass den Zölibat nur jene Menschen leben sollen, für die es richtig ist und solange es für sie richtig ist? Doch bin ich der Meinung Gott wünscht, dass sich Menschen, die ein Priesteramt ausführen oder es ausführen wollen, noch besser prüfen als jeder andere Mensch, weil sie ein besonderes Vorbild sein sollten.

## GEBET
### Stoßgebet

In meiner Jugend wurde so oft von Stoßgebeten gesprochen. Ihre Wirkung habe ich in der schlimmsten Zeit meines Lebens kennengelernt. Mein damaliger Ehemann wollte sich unbedingt mit einem Gastlokal einen Wunschtraum erfüllen. Um eine Scheidung zu verhindern, zog ich mit ihm nach Kärnten, wo wir ein Gastlokal kauften. Nun ist der Betrieb anders abgelaufen als er dachte und ich habe im Lokal mitgeholfen, anstatt Buchhaltungen für Klienten zu machen, wie es vereinbart war. Die Art von Gästen und Unterhaltung war wider meine Natur. Ich hatte eine Abwehr in die Gaststube zu gehen und wurde immer depressiver, so, dass ich nicht mehr lachen aber auch nicht mehr weinen konnte. Um dieses Leben zu schaffen, habe ich mir eine Fremdenergie zugelegt – den Harlekin, der immer lacht, auch wenn er tottraurig ist. Jedes Mal, bevor ich in die Gaststube eingetreten bin, faltete ich die Hände und sprach leise ein Stoßgebet. Dann ging ich mit einem künstlichen Lachen, das aber niemand erkannte, in das Lokal.

Beten und der Harlekin haben mir geholfen, diese Jahre bis ich mich dann doch von meinem Mann trennte und mit den Kindern wieder nach Wien übersiedelte, durchzuhalten.

Gebete wirken oft Wunder. So z.B. hatte ich schon die Einladungen für ein Familienfest versendet, als sich zwischen uns vier Geschwistern eine Disharmonie wegen unserer verstorbenen Eltern ergeben hatte. Ich habe befürchtet, dass bei meinem Fest wieder ein Streit entstehen würde und wollte es daher absagen, doch meine Nichten und Neffen mit ihren Familien haben sich schon darauf gefreut. Auch meine Töchter wollten, dass das Fest stattfindet. Sie meinten, die junge Generation wird einen Streit nicht zulassen.

Ich fragte Gott, was ich tun könnte, um ein harmonisches Fest zu gestalten, so, dass unsere Eltern eine Freude mit uns hätten, würden sie noch leben. Da wusste ich auf einmal, was ich zu tun habe. Bei den letzten Familienfeiern fehlte mir immer ein

Gebet. Jetzt habe aber ich zum Fest eingeladen, daher kann ich auch beten. Kein gemeinsames Vaterunser oder ein Tischgebet, weil das zu allgemein gewesen wäre. Sofort formulierte ich ein Gebet und dann war ich auf einmal ruhig, gelassen und voll Vertrauen.

Es war eine wunderbare, harmonische und fröhliche Feier. Ich bin überzeugt, das Gebet hat alle Anwesenden angesprochen und berührt.


### Gebet zur Geburtstagsfeier

„Gott, der DU die unendliche Liebe bist, gib uns genug davon, damit wir dieses Fest fröhlich und friedvoll feiern können.
Lass uns wahrnehmen, dass DU in JEDEM von uns Mensch geworden bist.
Hilf uns, dass wir würdevoll, achtsam und liebevoll miteinander umgehen.
Gib uns die Weisheit und genug Selbstwertgefühl, damit wir die verschiedenen Meinungen nicht als Vorwurf oder Schuldzuweisung annehmen, sondern die Botschaft dahinter erkennen können.

Bitte ermögliche, dass das noch ungeborene Leben in unserer Mitte zur Freude seiner Eltern und zum Wohle aller, gesund das Licht der Welt erblicken darf.

Gott, ich danke Dir, dass ich Mutter für meine wunderbaren Töchter sein darf und sie lange Zeit in meiner Nähe haben durfte. Hilf mir, damit ich ihnen nicht zu oft einen Rat erteile und gib mir die Geduld zu warten, bis sie mich darum fragen.

Ich bin dankbar, dass Du mir so deutlich zeigst, wofür Du mich berufen hast und dass ich damit bzw. dadurch so viel Herzlichkeit und Zuneigung erfahren darf.
Bitte gib mir immer zur rechten Zeit die richtigen Worte, damit sie zum Wohle aller dienen.
Hilf mir, damit ich in jeder Situation gelassen reagieren kann.

Ich bitte Dich, beschütze alle hier anwesenden, sowie jene die heute noch dazu kommen, vor schwerem Leid.

Schenke uns weltweit genug Politiker, die sich für Friede, Gerechtigkeit, Bewahrung der Schöpfung und der Menschenwürde einsetzen.

Gib unseren Familienangehörigen, Verwandten, Freunden und Bekannten, sowie den Ungeborenen in unserer Familie, die uns im Tod vorausgegangen sind, den ewigen Frieden.
Erhalte uns bis zum Tod eine gesunde geistige und körperliche Verfassung und schenke uns eine gute Sterbestunde, wenn Du uns heimholst.

Gott, der du für uns himmlischer Vater und Mutter bist, bitte segne alle Menschen und Tiere.
Alle Wesen - die sichtbaren und die unsichtbaren,
hier auf dieser Erde und überall in deinem großen,
für uns Menschen unbegreiflichen, ewigen Universum. Amen."

# SEELENWANDERUNG
## Wenn die Seele den Körper verlässt

Wovon ich hier erzähle, ist keine Seelenwanderung, sondern eine Wanderung des Geistes würde ich meinen.

Ich kann mich nicht mehr erinnern, wann es begonnen hat, dass ich das Gefühl hatte, meine Seele tritt aus dem Körper. Vermutlich wird es die Zeit der Pubertät gewesen sein. Auf jeden Fall war ich noch Kind und fühlte mich schon erwachsen, dass ich wie eine Erwachsene bei meinen Eltern mitgearbeitet habe. Ich bin daher oft sehr müde ins Bett gegangen. Kaum war ich im Bett, sah ich von der Zimmerdecke auf meinen Körper, der im Bett lag. Das war für mich kein angenehmes Gefühl, daher überlegte ich nach einiger Zeit, wie ich das ändern könnte. Die Änderung sah so aus, dass ich mich jedes Mal geistig mit meinen Händen von der Decke zur Mauer „handelte" und die Mauer herunter zum Bett, bis meine Seele wieder mit dem Körper vereint war.

Tagsüber war es oft so, als würden mir die Sinne schwinden oder ich würde mich auflösen, in Wolken schweben und meine Seele beim Scheitel entschwinden. Anschließend fühlte ich mich den ganzen Tag als würde ich neben mir stehen und gehen. Ich war bis zum nächsten Morgen zu zweit. Aber auch dafür habe ich einen Ausweg gefunden. Wenn das Gefühl kam, dass ich mich auflöse, habe ich schnell die Finger auf den Scheitel gelegt bzw. geklopft. Somit war der weitere Vorgang unterbunden. Nach einigen Minuten konnte ich den Scheitel wieder frei geben.

Luftschlösser oder Tagträume

Hätte ich in meiner Kindheit und Jugend keine Luftschlösser gebaut, hätte ich diese Zeit wahrscheinlich nicht gesund überlebt. Ich fühlte mich als Kind und Jugendliche oft sehr einsam. Zwei Ersatzhandlungen habe ich gefunden, um damit besser leben zu können. Luftschlösser und Gott.

Luftschlösser - Im Vartan dem Buch der Runenmeister wird es „der geheime Garten" genannt. Es wird empfohlen, sich geistig einen Garten oder Park nach den eigenen Wünschen anzulegen und auch nur die Menschen in den Park oder Garten hineinzulassen, die man möchte. Alles andere bleibt außerhalb des Gartens. Geheim deswegen, weil er nur in den eigenen Gedanken existiert.

Ich habe so ein zweites Leben geführt. Interessant und erlebnisreich, ich habe aber nie die Realität verloren. Ich war jederzeit im Hier und Jetzt. Es war der Ersatz dafür, dass ich ab dem elften Lebensjahr keine Freundin hatte. Die Gleichaltrigen zogen mit ihren Eltern in die Stadt und die Mädchen, welche drei bis fünf Jahre älter waren, mussten nach Wien, um dort zu arbeiten oder hatten einen Freund, mit dem sie zum Wochenende allein sein wollten.

Da ich dadurch auch niemand hatte, mit dem ich meine Probleme besprechen konnte, habe ich mit Gott gesprochen. Anfangs habe ich mich, wenn es finster war und niemand mehr auf der Straße war, vor mein Elternhaus gestellt, denn da konnte mich dann niemand sehen. Weil ich damals noch nicht mit einem „gestaltlosen" Gott reden konnte, habe ich mir vorgestellt, im alten, hohen Tannenbaum, der im Garten vis-à-vis von meinem Elternhause wuchs, wohnt Gott. Somit hatte ich einen Gesprächspartner. Ich konnte ihm alle Sorgen und Nöte anvertrauen. Er zeigte mir auch immer wieder Auswege. So habe ich mehr und mehr gelernt, mich mit Gott, der Geist bzw. Energie ist, auseinander zu setzen.

Bei der Erstkommunion hatte ich noch eine Freundin. Da war Jesus für mich vielleicht nicht Gott, aber doch etwas sehr Heiliges. Als wir mit dem geschmückten Auto meines Vaters von der Erstkommunion, die im Nachbarort stattgefunden hatte, nach Hause kamen, war ich von meiner Familie enttäuscht. Mutti kochte wie jeden anderen Tag. Papa hat Schweineställe repariert, wie so oft (obwohl er Kaufmann war, meine Mutter war die Bäuerin). Was meine um sieben Jahre ältere Schwester machte, weiß ich nicht, aber wahrscheinlich Mutti beim Kochen geholfen. Niemand teilte das Heilige mit mir. Daraufhin sagte ich zu meiner Freundin: „Komm wir gehen in den Friedhof. Wir sind jetzt was Besonderes, wir tragen Jesus in uns."

# TELEPATHIE
## Mein erstes telepathisches Erlebnis

Man stellt eine Frage an das Universum oder Gott und erhält eine telepathische Antwort.

Das beste Beispiel - ist auch wissenschaftlich anerkannt - ist der Schluckauf.

Oder wir denken an jemanden, und in diesem Moment ruft er an.

Telepathie kann also zwischen Lebenden stattfinden, aber auch mit Toten und was mir wichtig erscheint mit geistigen bzw. übersinnlichen Existenzen.

Als ich zwischen drei und fünf Jahre alt war, hatte ich mein erstes telepathisches Erlebnis. Ich saß mit übergeschlagenen Beinen auf einem Kindersessel und kam mir dabei vor wie eine Dame. So sollte mich Papa sehen, dachte ich dabei. Einige Minuten später kam mein Vater bei der Tür herein und fragte, wer ihn gerufen hat. „Niemand", antwortete ihm meine Schwester. Ich wusste aber, dass das meine Gedanken waren, die meinen Vater herbeigerufen haben. Ich hatte seither, besonders, wenn er oder ich in Gefahr waren, mit ihm telepathische Verständigungen.

Telepathie und Wahrnehmung sind fast alltäglich bei mir. Visionen und Träume spielen in meinem Leben eine große Rolle.

Eine Botschaft steht in meiner Stirn

Ich habe wöchentlich einige Gespräche mit Menschen in schweren Krisen, die durch den Tod einer ihnen nahestehenden Person hervorgerufen oder ausgelöst wurden. Was ich da höre und erlebe, berührt mich sehr. Aber es macht mich glücklich, wenn ich helfen kann. Oft auch dann, wenn Ärzte und Therapeuten nicht mehr weiterkönnen. Das aber nur, weil ich außersinnliche Wahrnehmungen wahr-nehme. Jedes Mal danke ich Gott für diese Gabe, die er mir schenkt. Sicher helfen meine eigenen Erfahrungen auch dabei. Es war nicht sinnlos, dass mich Gott viel Leid erleben ließ. Dadurch bin ich gereift und kann anderen Menschen Stütze sein und vor allem Hoffnung geben, weil ich selbst jedes Mal aus tiefen Krisen reifer herausgewachsen bin.

Eine junge Frau mit einundzwanzig Jahren sagte einmal im Gespräch, als wir von übersinnlichen Wahrnehmungen sprachen: „Da steht auf einmal eine Botschaft in meiner Stirn." So einen Satz spricht nur ein weiser Mensch aus. Ich finde, dass heute die jungen Menschen mehr nach Harmonie und Frieden streben als nach finanziellem Reichtum, das ist liebevoll (voll Liebe) und weise.

Sie sind auch sehr sensibel und nehmen Wahrnehmungen wieder wahr so wie damals, als die Menschen noch mit Gott mehr in Verbindung lebten, bis man in weisen Menschen eine Gefahr für zu selbstgefällige Männer sah und sie als Hexen oder Hexer verbrannte. Ich glaube, dadurch wurde für Jahrhunderte der „direkte Draht zu Gott" unterbunden. Langsam fangen wir wieder an, Gott wahrzunehmen. Das heißt, unsere Wahrnehmungen für die Wahrheit anzunehmen. Alle Menschen haben Eingebungen, doch viele wollen oder können sie aus Angst man steckt sie in die Klapsmühle, denn Hexenverbrennungen gibt es nicht mehr, nicht für „wahr" nehmen.

Es ist auch nicht leicht nach den Eingebungen zu leben. Jesus ist mein großes Vorbild. Er hat meiner Meinung nach, seine Wahrnehmungen für die Wahrheit genommen und deshalb bis zu seinem Tod Gottes Willen befolgt.

Wir leben in einer schnelllebigen und gefühlsarmen Zeit, daher breitet sich das Phänomen „Depressionen" schlagartig aus. Schon unsere Generation ist depressiver als die unserer Eltern. Depressionen bekommen nur sensible Menschen. Unsere nachfolgende Generation leidet so sehr an der heutigen Zivilisation, dass viele junge Frauen und Männer zwischen zwanzig und fünfunddreißig Jahren, Multiple Sklerose bekommen.

Kardinal König schrieb in seinem Buch: „Gedanken für ein erfülltes Leben" treffend darüber. Es wundert mich nur, dass er nichts geändert hat. Als Kardinal hätte er viele Möglichkeiten dazu gehabt. Ich bin ihm einige Male persönlich begegnet. Er war ein fröhlicher Mensch und manches Mal erzählte er uns von seinem Leben. Er hat einiges zustande gebracht, aber wie viel Unheil die Kirche anrichtet, war ihm nicht bewusst. Doch ich merke das bei vielen Gesprächen.

Telepathie oder Körpersprache

Ich erwähne öfter, dass ich manches Mal Gefühle anderer Menschen spüre und ich merke manchmal, dass ich dabei falsch verstanden wurde. Wenn jemand in meiner Nähe ist und meint, ich weiß sofort, dass und was er mir telepathisch mitteilen will, funktioniert das nicht.

Wenn jemand in meiner Nähe ist, sind es seine Körpersprache, seine Worte, wie er sie spricht und der Ton in seiner Stimme, besonders aber sein Gesichtsausdruck, die vieles ausdrücken und mir vermitteln. So zum Beispiel kann er hell strahlen, wenn er glücklich ist. Oder wenn jemand traurig ist, lässt er den „Kopf hängen". Wenn er belastet ist, das heißt, wenn er Sorgen und Kummer hat, wird er nicht aufrecht gehen, sondern gebeugt. Ich habe jahrelang nicht gesehen, wie viele schöne Haus-Fassaden es in meiner neuen Wohngegend gibt. Erst als meine Sorgen weniger wurden und ich aufrecht gehen und den Kopf hochhalten konnte, habe ich die Häuser mit ihren schönen Stuckverzierungen gesehen und bewundert.

Die Strukturfunktionen, das sind verschiedene Merkmale z.B. Stand der Augen, die Lippenform und andere Zeichen zeigen die Charaktere eines Menschen.

Aber doch fühle ich auch manches Mal die Trauer oder Angst anderer Menschen, wenn sie nicht in meiner Nähe sind. Wenn ich Angst- oder Trauergefühle habe, fühle ich in mich hinein, was diese Angst auslösen könnte, es ist aber oft kein Grund vorhanden bei dem es „klick" machen würde.

Meine Töchter bestätigen mir oft, wenn sie entfernt von mir sind und ich ihre Gefühle spüre. So zum Beispiel wurde ich eines Nachts wach und fühlte, dass es meiner jüngeren Tochter schlecht ging. Sie machte gerade mit einigen Freunden zwei Wochen Urlaub in Italien.

Normalerweise sende ich da positive Gedanken und Gefühle, dieses Mal aber dachte ich: „Sie wird verfolgt, ich muss mit ihr reden." und machte dieses auch. Dann bin ich kurz eingeschlafen und gegen Morgen machte ich die Augen auf und dachte erleichtert: „Sie ist außer Gefahr." Ich habe darüber nachgedacht, warum ich so denke, konnte es aber nicht eruieren. Am Nachmittag schickte sie mir ein SMS mit der Mitteilung, ich solle sie am Bahnhof abholen, sie käme schon nach Hause.

Bei ihr war in dieser Nacht folgendes geschehen. Sie hatten für diese Nacht kein Quartier und streiften deshalb die ganze Nacht durch die Stadt. Meine Tochter hatte immer das Gefühl, dass sie verfolgt werden und hörte Stimmen hinter sich. Doch die anderen merkten nichts. Sie blieben oft stehen, aber außer meiner Tochter konnte niemand etwas Verdächtiges sehen oder hören. Gegen Morgen fühlte meine Tochter plötzlich eine Erleichterung und dachte: „Die Gefahr ist vorbei, wir gehen gleich zum Bahnhof."

# EINGEBUNG - WAHRNEHMUNG

Wahrnehmung ist eine Erfahrung, die wir, wie der Name es sagt, für die **Wahr-heit-nehmen** sollten. Wahrnehmungen sind außersinnlich, deshalb, weil wir etwas nicht mit den wissenschaftlich anerkannten 5 Sinnen **wahrnehmen**.

Wahrnehmungen nennen wir auch „Eingebungen". Wir haben sie oft, ohne dass wir etwas dazu beitragen. Aber wir können auch auf Wunsch eine Wahrnehmung herbeiführen. Wenn ich etwas erfahren möchte, worauf mir kein Mensch eine Antwort geben kann, frage ich Gott – und bekomme auch eine Antwort. Manches Mal sofort, doch es kann auch Tage, Wochen oder sogar Monate dauern, bis ich eine Antwort erhalte.

aus Wikipedia, der freien Enzyklopädie
*Außersinnliche Wahrnehmungen (Abk.: ASW; engl.: Extra Sensory Perception, Abk.: ESP) ist ein Sammelbegriff für eine hypothetische Art von Wahrnehmungen, für die es bislang keine wissenschaftlich bestätigten Nachweise gibt und die per Definition nicht durch bekannte sinnliche Erfahrungen, Wahrnehmungen oder Wissensquellen erklärbar sind. Im Science-Fiction-Bereich werden Personen mit einer solchen Wahrnehmung als Esper bezeichnet.*

*Die Parapsychologie unterscheidet drei Modalitäten der außersinnlichen Wahrnehmung:*

*Telepathie: Übertragungen von Informationen zwischen Lebewesen ohne Beteiligung der bekannten Sinneskanäle*

*Hellsehen: Außersinnliche Wahrnehmung eines gleichzeitigen Ereignisses*

*Präkognition: die Erfahrung von zukünftigen Ereignissen (im Rahmen von Sekunden bis zu Jahren)*

*Die auditive Form des Hellsehens ist das Hellhören, die außersinnliche Wahrnehmung von Worten oder Geräuschen ohne objektives akustisches Ereignis.*

Die in die Vergangenheit gerichtete Form der Präkognition ist die Retrokognition, das außersinnliche Erfahren eines vergangenen Geschehens.

Außersinnliche Wahrnehmungen können sowohl im Wachbewusstsein als auch in anderen Bewusstseinszuständen auftreten, z.B. in Trance oder im Schlaf bzw. Traum.

Der Intensität nach kann man bei außersinnlichen Wahrnehmungen sichere Kenntnis, unbestimmtes Ahnen oder einen Pseudo-Sinneseindruck (Halluzination oder Traum, realistisch oder verschlüsselt) unterscheiden.

Das Phänomen der außersinnlichen Wahrnehmung soll nicht nur auf den Menschen begrenzt sein, sondern ist angeblich auch bei Tieren möglich. So wird auch das Verhalten von Katzen, Hunden und Enten bei Untersuchungen der Parapsychologen beobachtet wie z.B. die Unruhe von Tieren vor einem Erdbeben. Inwieweit tierische außersinnliche Wahrnehmungen sich dabei vom Instinkt abgrenzen lassen, ist allerdings unklar.

Ich nehme Wahrnehmungen wahr
Damit Sie verstehen können, was ich meine, wenn ich sage, in Ihrer Vergangenheit hatten Sie sicher spirituelle oder übersinnliche Wahrnehmungen, möchte ich über einige tiefgreifende Erlebnisse in meiner Vergangenheit erzählen.

Selbstverständlich kann ich mich nicht daran erinnern, aber meine Mutter erzählte mir, dass ich als Baby fast verhungert wäre als sie 1945 mit meiner um sieben Jahre älteren Schwester und mir (sechs Wochen alt) geflüchtet ist. Nach Tagen oder Wochen war die Flucht für uns in Vorarlberg zu Ende. Dort aber war ich schon so ausgehungert und ausgetrocknet, dass meine Mutter mit mir zu einem Arzt ging. Dieser meinte, ich wäre nicht mehr lange lebensfähig gewesen. Meine Mutter bekam sofort gute Kost, damit sie mich stillen konnte und musste zwei Wochen lang jeden Tag mit mir zur Gewichtskontrolle kommen, anschließend eine Zeitlang wöchentlich, bis der Arzt meinte, ich sei nun „über dem Berg".

Mit achtzehn Monaten begegnete ich auf wundersame Weise zum ersten Mal dem Tod. Ich habe Gänse-Küken zu Tode geliebt. Ich wollte zärtlich sein, weil sie sich dagegen gewehrt haben, musste ich sie aber festhalten. Als drei oder vier nebeneinander am Boden lagen, kamen meine ältere Schwester und ihre Freundin dazu. Sie jammerten, dass die Gänschen tot seien. Als ich fragte: „Warum macht ihr so ein Gejammer, die Küken schlafen doch gut", klärten mich die beiden auf, dass die Küken nicht schlafen, sondern tot sind. Ich wollte weiterwissen, was tot sein ist, da bekam ich zur Antwort, dass sie nie mehr wach werden. Was meinen Sie, was ich dabei dachte? Heute kann ich noch mein Wohlbehagen von damals verspüren, bei meinem Gedanken: "So friedlich wie die hier liegen, muss es schön sein, tot zu sein".

Ich war etwa drei Jahre alt, da wollte ich das erste Mal allein meine Freundin besuchen. Nachdem mein Heimatort sehr klein ist, war das kein Problem.
Als ich beim Elternhaus meiner Freundin ankam war aber niemand zu Hause. Weder ihre Eltern noch die zwei

Geschwister. Ich schlenderte daher durch ihren riesengroßen Garten, besichtigte die Stallungen und den Stadel, der hinten im Hof stand. Als ich wieder beim Wohnhaus ankam, war noch immer niemand zu Hause. Das vergitterte Küchenfenster war jedoch offen und auf der Fensterbank lag eine Kugel aus Stanniolpapier. Die Kugel hatte einen Durchmesser von acht bis zehn Zentimeter. Ich dachte: „Mein Gott, geht es den Kindern gut, die haben schon viel Schokolade gegessen. Obwohl meine Eltern einen Kaufmannsladen haben, durften meine Geschwister und ich nicht so viel Schokolade essen, um so einen großen Ball damit zu machen." Der glänzte und er gefiel mir gut, daher nahm ich ihn mit. Als ich beim Haustor der Freundin ankam, dachte ich: „Darf ich den Ball mitnehmen? Was würde der Papa sagen? Der würde sagen der gehört mir nicht, daher darf ich ihn nicht mitnehmen." Ich legte den Ball wieder auf die Fensterbank und ging nach Hause.

Oft habe ich darüber nachgedacht: „Warum wusste ich mit ca. 3 Jahren, was mein Vater sagen würde?"

## Der Spitzbart

Kurze Zeit, nachdem ich mit acht Jahren nach einer ansteckenden Krankheit (Typhus)
, an der ich fast gestorben wäre, aus der Quarantäne im Krankenhaus wieder zu Hause war, hatte ich ein Erlebnis, das Anlass war für den Spott der Kinder in unserem Ort.

Vielleicht bilden Sie sich jetzt auch die Meinung, ich würde in die Klapsmühle gehören. Aber wenn Sie selbst so ein Erlebnis hatten, kann Ihnen meine Erzählung vielleicht helfen, dazu zu stehen, denn Sie sind nicht verrückt.

Über dieses Erlebnis habe ich bis vor etwa 25 Jahren nicht mehr gesprochen. Ich habe es nie vergessen und bis dahin in meinem Herzen getragen. Dann hat mir Gott sei Dank, ein Friedensfreund mein Geheimnis entlockt. Nach meiner Erzählung, während der er mich immer ermunterte weiter zu erzählen, hat er mir erklärt, dass es auch andere Menschen gibt, die so ein Erlebnis oder Begegnung hatten. Inzwischen habe ich persönlich einige Menschen mit dieser Erfahrung kennen gelernt.

Eines Nachts wurde ich wach und lag mit dem Gesicht zur Wand in meinem Bett. Ich fühlte, dass in diesem Raum außer meiner Schwester und mir noch jemand ist, daher getraute ich mich nicht umzudrehen und weckte meine Schwester mit den Worten: „Traude, dreh das Licht an, hier ist jemand." Sie aber wollte und wollte nicht. Mein Drängen hat nichts gebracht, daher drehte ich mich um - und sah ihn - den „Spitzbart". Ich begann fürchterlich zu schreien. Im nächsten Moment war mein Vater da und drehte das Licht an. Wie ein Spuck war der „Spitzbart" verschwunden. Mein Vater wollte mich trösten und beruhigen und hat heimlich an den Kleidern, die am Nähtisch lagen, gezupft und mir erklärt, ich hätte den Schatten der Kleider gesehen. Mir war aber klar, dass dem nicht so war. Das konnte gar nicht der Schatten sein, weil der Schatten auf der falschen Seite gewesen wäre.

Wenn ich nämlich in die Richtung sah, wo der Spitzbart hockte, war links von ihm ein Fenster, durch das die Straßenbeleuchtung ins Zimmer strahlte. Rechts von ihm war der Nähtisch mit den Kleidern. Da hätte der Schatten doch rechts von den Kleidern sein müssen und nicht vor bzw. links von den Kleidern, dort wo der Spitzbart hockte.

Ich habe gar nicht erst mit meinem Vater diskutiert, ich verstand seine Bemühungen mich zu trösten. Es war mir bewusst, dass mich niemand verstehen konnte und ich habe bis vor etwa fünfundzwanzig Jahren nicht mehr darüber gesprochen. Doch ich wusste immer, dass ich diese Gestalt mit den eigenen Augen gesehen habe und dass es keine Einbildung war. Ich kenne inzwischen, wie es ist, wenn die Seele aus dem Körper tritt, ich kannte damals schon Wahrnehmungen, Visionen und Träume, die sich erfüllten und ich bin in der Kindheit „schlafgewandelt", aber dieses Erlebnis war wahrhaftig.

Meine Schwester konnte den Mund nicht halten und hat es weitererzählt, deshalb der Spott der Kinder. Sie beschimpften mich: „Spitzbart, Spitzbart, Spitzbart." Als mir das einmal zu viel wurde, wollte ich es wissen - was da war. In dieser Zeit haben die Leute darüber gesprochen, dass „Marsmenschen" in unserer Gegend gesehen wurden und diese würden einen Handteller großen Fettfleck hinterlassen, der nicht zu entfernen ist. Ich schaute mir den Platz an, wo diese Gestalt war, und entdeckte einen Fettfleck, so groß wie meine Hand. Nachdem ich 8 Jahre alt war, kann das schon die Größe des Handtellers eines Erwachsenen gewesen sein. Dann nahm ich Fleckentferner, Seife, Geschirrspülmittel und Asche, um diesen Fleck zu entfernen, aber schaffte es nicht. Solange dieser Teppich dort lag, war der Fettfleck sichtbar.

Erst der Friedensfreund aus Salzburg löste das Rätsel. Er schickte mir Ausschnitte einer Zeitung, wo solche Begegnungen beschrieben wurden und sogar Bilder von den Gestalten dabei waren. Bei den Bildern wurde mir klar, was der spitze Bart war. Diese Gestalten tragen Kapuzen, die vorne so fallen, dass der Schatten wie ein spitzer Bart aussieht. Es wurde beschrieben, dass diese Gestalten immer neben Türen erscheinen, so war es auch bei mir. Er hockte neben der Tür und über ihm war der Weihwasserbehälter.

Ich war froh endlich eine Erklärung zu haben. Inzwischen kenne ich auch die Bedeutung solcher Erscheinungen, von denen schon im Alten Testament geschrieben wurde.

Er war braun in Braun. Es gab keine andere Farbe als Braun beim Spitzbart und seinen Kleidern. Er hatte große Schuhe an, die vorne eine sehr lange Spitze bildeten. Sie sahen so aus, als wären sie aus Filz. Seinen Kopf bedeckte eine Kapuze, daher sah ich keine Haare, nur sein Gesicht. Es war das Gesicht eines uralten Mannes. Er war etwa einen Meter groß. Das heißt, er war klein und deshalb dachte ich, dass er nicht steht, sondern in der Hocke ist.

Er hockte da - stumm und ausdruckslos. Er war keine Gefahr, sondern nur fremd. Nicht wie ein Einbrecher. Die Situation war deswegen beängstigend, weil er hässlich war, ungewohnt (keine alltägliche Begegnung) und durch das uralte Gesicht nicht menschlich aussah.

Der Spitzbart ist mit einigem vergleichbar.

Er war lautlos und konnte sich wie mit einer Tarnkappe aus den Nibelungensagen unsichtbar machen.

Er war klein und alt wie die Zwerge in den Märchen.

Eine Bekannte erzählte mir vor vielen Jahren, dass ihr Sohn einmal so eine Gestalt wie ich sie beschrieben habe, im Gitterbett neben seiner Tochter liegen sah. Er riss seine Tochter an sich und verlies entsetzt die Wohnung. Seine Frau nahm er selbstverständlich mit.

Einige Zeit später zerstritten sich meine Bekannte und ihr Sohn. Er verhielt sich ihr gegenüber oft sehr bösartig. Da wurde ich nachdenklich und sagte zu ihr: „Entweder ändert sich Dein Sohn und wird ein ganz liebenswerter Mensch, oder es stimmt etwas mit der Erscheinung nicht, denn was ich inzwischen erfahren habe, werden diese Gestalten nur Menschen sichtbar, die einen besonderen Auftrag haben oder als Warnung."

Einen besonderen Auftrag z.b. sich für Friede, Gerechtigkeit, Bewahrung der Schöpfung oder der Menschenwürde einzusetzen.

Nun erzählte mir die Bekannte, dass sie von den Nachmietern dieser Wohnung erfuhr, dass sie erst in die Wohnung einziehen konnten als der Ofen repariert war, weil es sonst in der Wohnung lebensgefährlich gewesen wäre. Also: Warnung.

Ungefähr zehn Jahre später nahm der Sohn meiner Bekannten wieder Kontakt zu ihr auf. Er wurde ausgesprochen liebenswert. Er ist so etwas wie ein Berater für sie geworden, wenn es ihr nicht gut geht.

Seit fast 35 Jahren wohne ich in meiner jetzigen Wohnung und habe öfter das Gefühl, als ob der Spitzbart in meinem Schlafzimmer sei. Manchmal dachte ich, der Grund dafür ist, weil dieses Zimmer so angelegt ist, wie das Schlafzimmer in meiner Kindheit. Sogar das „Weihwasserkacherl" unter dem der Spitzbart damals hockte, habe ich seit dem Tod meiner Mutter neben der Tür aufgehängt.

Ihn wieder zu sehen, davor hatte ich Angst bis mich eine Bekannte, die öfter bei mir übernachtete, darauf angesprochen hat. Ihr ist aufgefallen, dass ich die Fenster nicht verdunkle. Ich erzählte ihr vom Spitzbart und dass ich davor Angst habe, ihn wieder zu sehen. Sie fragte: „Weshalb hast Du Angst vor ihm? Hat er dich bedroht?" Nein, überhaupt nicht, aber er war so hässlich und nicht alltäglich. Seither denke ich, wenn ich das Gefühl habe, er ist da, nur sehe ich ihn nicht: „Bitte lass Dich nicht sehen, denn du bist so hässlich, dass du mir Angst machst."

Heinzelmännchen und Zwerge
Zurückkommend zum Spitzbart - ein Vergleich mit Gestalten
aus den Märchen oder Anderswelt.

Die Heinzelmännchen machten sich unsichtbar und kamen
nicht mehr, nachdem sie durch das Schlüsselloch beobachtet
wurden.

Auch sie werden mit Zipfelmützen und kleinwüchsig, wie
Zwerge beschrieben.

Der Spitzbart ist auch mit einem Zwerg aus dem Märchen:
„Schneewittchen und die sieben Zwerge" vergleichbar. Es gibt
noch viele Märchen, in denen Zwerge vorkommen.

Im Alltag waren Zwerge kleinwüchsige Menschen, die man
zum Bergbau eingesetzt hatte, weil dadurch die Stollen nicht so
hoch ausgeschlagen werden mussten, wie für Männer mit
normaler Körpergröße.

Unbegreiflichkeit begreiflich machen

Weihnachten, das schönste Fest des Jahres, hat eine ganz besondere Aufgabe zu erfüllen. Dieses wurde mir mit nachfolgender Gottesbegegnung bewusst.

Seit vielen Jahren habe ich das Gefühl, die röm. kath. Kirche schiebt Jesus vor sich her wie das Goldene Kalb, so, dass oft die Sicht zu Gott verstellt wird und ich suchte vergeblich den Grund dafür zu finden. Als Exerzitien-Begleiterin für Exerzitien im Alltag, habe ich vor einigen Jahren an der Exerzitien-Begleiter-Tagung in Kärnten teilgenommen. Dem Abschiedsgottesdienst stand Willi Lambert, der für mich ein Vorbild für „Geistige-Begleitung" ist, vor. Bei seiner Predigt dachte ich für einen kurzen Augenblick: „Der versteckt sich auch hinter Jesus, warum nur?"

Plötzlich hatte ich eine telepathische Antwort im Kopf:
„Wie willst du sonst den Menschen
meine Unbegreiflichkeit begreiflich machen?".

Ich war erschrocken und verstand zuerst diesen Satz nicht. „Wie war das?" dachte ich. „Wie willst du sonst den Menschen meine Unbegreiflichkeit begreiflich machen?!" war wieder die Antwort, welche gleichzeitig eine Frage war.

Seit dieser Wahrnehmung denke ich anders. Die Tiefsinnigkeit der Botschaft beeindruckt mich heute immer noch. Wir können Gott weder angreifen/berühren, noch begreifen. Dadurch kam ich zu der Erkenntnis, die Gott uns durch Jesus bewusst machen will.

Durch die Geburt Jesu offenbart uns Gott die bedingungslose Liebe. Durch die Annahme des vorzeitigen Todes Jesu tut er es wohl auch, aber ein neugeborenes Kind wird in jedem Menschen eine Saite zum Klingen bringen, was der Tod nicht vermag. Die zarteste Saite (vielleicht auch die zarteste Seite) des Menschen und kaum jemand kann sich widersetzen. Daher ist Weihnachten für uns Erwachsene genauso wichtig, wie für Kinder.

Durch dieses Fest werden wir wenigstens für einen Abend wieder zum Kind und Jesus sagte: „Werdet wie die Kinder." Damit wollte er ausdrücken, dass wir unschuldig, fröhlich, wahrheitsgetreu, sensibel, vertrauensvoll, usw., wie die Kinder sein sollten.

Ich habe mit vielen Menschen darüber gesprochen, den meisten davon geht es so wie mir, dass sie sich auf Weihnachten, „wie ein Kind" freuen.

Wahrnehmung oder Überheblichkeit
Divination ist der Versuch, den Göttlichen Willen zu erkennen,
so steht es in: „I Ging für Einsteiger" von Mark McElroy.

Wahrnehmung nenne ich es. Nämlich das, was ich als Botschaft
oder Antwort auf eine Frage an das Göttliche empfange und
weiß: „Das ist nicht auf meinem Mist gewachsen." Meistens
sind die Wahrnehmungen telepathisch und ich muss erst Worte
formulieren. Es kann auch sein, dass mir „etwas vor Augen
gehalten" wird. Ganz selten sehe ich visionäre Bilder oder höre
akustisch etwas.

Wichtig dabei ist es, dass man diese Wahr-Nehmungen für
„Wahr" annimmt – als die Wahrheit annimmt - und dazu steht.
Ich glaube, um überhaupt Wahrnehmungen zu „spüren" oder
„wahrzunehmen", gehört schon sehr viel Feingefühl,
Spiritualität und vor allem Demut.

Seit vielen Jahren lebe ich danach und trotzdem, vielleicht auch
gerade deswegen, werde ich von manchen Menschen für
überheblich gehalten. Da ich ein fröhlicher Erdenbewohner bin
und trotzdem zurückhaltend, kann es auch sein, dass sich
manche Leute nicht vorstellen können, dass ich gemeinsam mit
Gleichgesinnten, schon einiges „bewegen" konnte.

Als ich noch Kind war, wurde ich wegen Wahrnehmungen und
meinem Verhalten, von Kindern geärgert. Als ich erwachsen
war, von Familienangehörigen sogar für geisteskrank gehalten.

Ich nehme die Wahrnehmungen als Geschenk Gottes, da sie mir
immer wieder helfen, Krisen zu bestehen und reich beschenkt
herauszuwachsen.

Dass ich allerdings seit 1988, nach einem Kurztod- und einem
Nahtoderlebnis durch einen Herzstillstand auch viele der
Katastrophen von der ganzen Welt wahrnehme, hat mich lange
Zeit betroffen gemacht, ich fühlte mich mitschuldig. Ich hatte
das Gefühl, ich bin für das Leid der Menschen verantwortlich,
da ich es spüre, bevor es geschieht und manchmal sogar sagen

könnte, wo es passiert. Meine ältere Tochter und eine Bekannte haben mir geholfen, es anders zu sehen. Ich fühle es zwar, aber verursache es nicht. Seither schütze ich mich oft bewusst davor, doch es gelingt mir nicht immer.

Ich war vier oder fünf Jahre alt, als ich das erste telepathische Erlebnis mit meinem Vater hatte. Er ist 2003 mit 92 Jahren gestorben und ich erhalte immer noch Botschaften von ihm. Ungefähr zehn Jahre lang waren sie sehr intensiv und ohne, dass ich ihn gefragt habe. Danach sind sie weniger geworden. Wir waren allerdings auch früher schon geistig miteinander verbunden.

Bei meiner Mutter habe ich oft wahrgenommen, wenn es ihr schlecht ging. Das begann bei der Geburt, wie sich bei einer kinesiologischen Balance herausstellte. Sie ist im Jänner 2008 gestorben und muntert mich aber oft aus dem Jenseits auf und macht mir Mut.

Ein Schmetterling als Zeichen
der Berufung

Mai 2011 war ein Freitag. Freitag der 13.! Für mich ist das normalerweise ein Tag wie jeder andere. Bemerkenswert war, dass ich an diesem Tag wunderbare Einsichten oder/und Wahrnehmungen hatte.

Erst einmal.
Ich habe gehört, dass Japan nicht von Atomkraftwerken abweichen will und war darüber entsetzt. Ich fragte mich, wie können Menschen so wenig aus Erfahrungen lernen? Dass wir aus den wahrscheinlichen Erfahrungen der Mayas nicht lernen konnten, ist eine Sache.
Eine andere ist es, wenn wir die Katastrophe „hautnah" erleben, nicht zu lernen, dass wir auf dem falschen Weg sind und wenn wir so weiter machen die Menschen auf der ganzen Welt in Gefahr bringen.

Es ist Verantwortungslosigkeit und menschenunwürdig. Ja, sogar menschenverachtend. Die Machthaber, die solche Entscheidungen treffen, sind nicht fähig zu regieren. Wir dürfen uns von ihnen nicht die Zukunft unserer Kinder ruinieren lassen.

Jeder von uns muss dagegen arbeiten. Die einen mit Aufrufen, die anderen mit Demonstrationen und andere mit Beten oder was uns an friedlichen Taten noch einfällt. Kann auch sein, dass jemand alles das machen kann.

Beten hat eine enorme Kraft - wenn es aus dem Herzen kommt. Gebete können Waffen zum Stillstand bringen und Herzen zur Liebe. Sicher auch Menschen, die Unrecht tun, zur Vernunft.

Das zweite Erlebnis.
Aus verschiedenen Gründen stellte ich am Vormittag an Gott die Frage, ob ich mit den humanenergetischen Methoden aufhören soll. Die Antwort darauf bekam ich einige Stunden später.

Ich besuchte am Nachmittag den Aufbaukurs für Bibelrunden leiten. Erst hatten wir: „Einheit der Schrift". Am Abend: „biblische Figuren", die ich schon von einem anderen Kurs kannte. Dieses Mal waren wir 4 Gruppen und jede Gruppe musste nach einem Evangelisten die „Grabesszene" aufstellen. Anschließend wurden die Aufstellungen der Figuren begutachtet.

Doch dann sollten wir jeder ein Symbol nehmen (sie waren am Boden aufgelegt), meditieren und einen Satz bilden über das, was wir mit nach Hause nehmen.
Mein Satz war selbstverständlich: „Wenn ich sterbe, gehe ich „nur" nach Hause!" Als Symbol hätte ich gerne eine Taube gehabt, als Zeichen der Auferstehung und Frieden. Nachdem es keine Taube gab, nahm ich einen Schmetterling noch im Glauben, weil er auch ein Symbol des „Überganges" und der Auferstehung ist. Da hatte ich mich aber gewaltig geirrt. Der Schmetterling war die Antwort auf meine Frage am Vormittag: „Soll ich mit den humanenergetischen Methoden aufhören?" Warum? Auf meinen Visitenkarten ist ein Schmetterling, der von einer Hand wegfliegt. Damit will ich symbolisch zeigen: „Der Schmetterling/Mensch kann sich auf meine Hand setzen und wird von mir nicht festgehalten, sondern, wenn es für ihn richtig ist, darf er weiterfliegen."
So viel zur „Berufung", über die ich am Vormittag nachdachte, was auch der Auslöser für meine Frage war: „Soll ich mit den humanenergetischen Methoden aufhören?"

Nun der Gipfel.
Zwei Tage vorher machte Dr. Rotraud Perner bei einem theologischen Kursabend auf Bücher von Joachim Bauer aufmerksam. An diesem Freitag den 13. kaufte ich das von ihm geschriebene Buch: „Das Gedächtnis des Körpers". Darin wird meine Meinung bestätigt, dass man mit den Eigenschaften, welche man vererbt bekommen hat, nicht unter allen Umständen leben muss, sie können verändert werden.

Ich habe gehört

Zweimal hatte ich akustische Wahrnehmungen. Die auditive Form des Hellsehens ist das Hellhören.

Als ich 19 Jahre alt war, wohnte ich mit anderen Mädchen und einer Frau in einer sehr großen Wohnung. Die anderen waren meistens unterwegs und ich war allein zu Hause.
Eines Abends als ich auf der Toilette war, rief mich aus einer Ecke der Toilette meine Mutter. Laut und unverkennbar. Ich war so erschrocken, dass ich kopflos in mein Kabinett stürmte. Als ich mich wieder beruhigt hatte, konnte ich mir auch vorstellen, was los war. Beim nächsten Besuch befragte ich meine Mutter darüber, sie gab es nicht zu, aber hatte ein seltsames Lächeln im Gesicht, daher wusste ich, dass ich mit meiner Vermutung Recht hatte.

Das zweite Mal kurz vor dem Tod meines Vaters.
Einige Wochen bevor mein Vater das letzte Mal ins Krankenhaus kam hatte ich eine Wahrnehmung, die weder ein Erdbeben noch sonst eine Naturkatastrophe bedeutete. Ich sagte zu meinen beiden Töchtern: „Es ist sehr nahe, es betrifft unsere Familie." Nun weiß ich, dass ich den Tod meines Vaters fühlte.
Einige Tage danach befahl mir eine kräftige Stimme im Schlaf, die Ohrstecker herauszunehmen. Es dauerte eine Weile, bis ich halb aufwachte. Im Halbschlaf wusste ich nicht, was ich tun sollte. „Nimm deine Ohrringe heraus" sagte wieder diese männliche Stimme - „Ohrringe - nimm sie heraus". Ich tat dieses bei einem Ohr. Wieder die Stimme: „Jetzt vom anderen Ohr." Auch das habe ich getan. Ich hatte die Ohrringe in der Hand und wusste nicht, was ich damit anfangen sollte. „Lege sie neben dem Bett auf das Tischchen." ordnete die Stimme an. Ich machte es und schlief weiter. Am Morgen dachte ich, ich hätte das geträumt, doch die Ohrringe lagen am Tischchen neben meinem Bett.

Wenn jemand in meinem Umkreis stirbt, lege ich sämtlichen Schmuck ab, außer der Uhr, welche für mich kein Schmuckstück ist. Ich habe nämlich das Gefühl, wenn jemand stirbt, stehe ich mit dem oder der Verstorbenen an der Schwelle des Todes. Vor Gottes Angesicht können wir uns nicht hinter Glanz und Glitzer verstecken. Gott ruft uns, wie er Adam gerufen hat, der sich vor ihm hinter Büschen versteckt hatte.

Einige Tage danach ist mein Vater verstorben.

Ich habe gesehen
In meinem Leben habe ich nur einmal etwas „gesehen", was lt. Wikipedia eine Präkognition ist.

Meine Tochter und ich, haben in einem Raum in ihrer Wohnung eine „Zwischendecke" eingezogen. Wir waren noch nicht fertig, aber ich war schon sehr müde und fuhr nach Hause. Als ich etwa zwei Stunden zu Hause war, sah ich wie in einer Momentaufnahme meine Tochter am Fußboden ihres Zimmers mit verdrehten Beinen liegen. Ich schob dieses Bild, das so plötzlich wie es gekommen war auch wieder verschwunden war, von mir. Erst beim 3. Blitzbild dachte ich, dass ich das ernst nehmen muss, da ich doch immer wieder Wahrnehmungen habe, die sich bewahrheiten. Daraufhin rief ich meine Tochter an und legte ihr ans Herz nicht mehr auf die Zwischendecke zu steigen, denn ich habe sie tot am Boden liegen gesehen. Ich habe sie noch gebeten, das ernst zu nehmen, weil sie doch meine Wahrnehmungen, die üblicherweise bei mir telepathisch sind, kennt.

Sie antwortete mir: „Mama, ich habe eben gedacht, ich bin so müde, wenn ich nur beim Staubsauger hängen bleiben würde, könnte ich hinunterfallen. Ich muss mir wenigstens das Handy heraufholen. In diesem Moment hast Du angerufen. Ich bleibe unten und wir machen morgen gemeinsam weiter.

Am nächsten Tag haben wir während des Arbeitens eine Leiter über den Durchlass gelegt, so konnten wir nicht hinunterfallen, bevor das Geländer befestigt war.

Wir sind beide überzeugt, dass sie, wäre sie noch einmal hochgeklettert, heruntergefallen und tot gewesen wäre.

# JENSEITSBOTSCHAFTEN
## Botschaften aus dem Jenseits

Als Trauerbegleiterin erzählen mir die Trauernden von Erlebnissen, die sie mit oder durch Verstorbene hatten und sagen vorher schon: „Das habe ich bisher noch nie jemandem erzählt, sonst bringt man mich in die Psychiatrie." Nie würde ich dazu sagen das glaube ich nicht, nur weil ich es nicht erlebt habe. Es gibt so Vieles zwischen Himmel und Erde, was wir nicht begreifen können. Ich wäre fehl am Platz, würde ich da Zweifel äußern. Außerdem habe ich dabei keine Zweifel, denn was jemand sieht, hört oder erlebt, sind Tatsachen, sind Wahrheit und die nehme ich ernst. Genau wie es mir gutgetan hat, als mich der Friedensfreund mit dem Spitzbart ernst genommen hat. Und ich weiß, dass ich den mit meinen Augen gesehen habe. Um so etwas in meinem jetzigen Alter zu erzählen oder zu schreiben, würde mir nichts bringen oder geben, wenn es nicht die Wahrheit wäre.

Eine junge Frau erzählte mir während eines Trauergespräches, als ihr Vater noch lebte, diskutierten sie öfter, ob es ein „Danach" gäbe oder nicht. Dann ist ihr Vater gestorben und kurze Zeit danach klopfte es an der Wohnungstür dieser jungen Frau. Sie öffnete die Tür, doch es war niemand da. So ging das tagelang jeden Abend. Bis der jungen Frau bewusst wurde, dass das die Botschaft ihres Vaters sein könnte. Sie sagte laut: „Papa, ich habe dich schon verstanden. Du willst mir damit zeigen, dass es ein Danach gibt." Von da an war es ruhig.

Eine andere Frau erzählte, dass seit dem Tod ihres Mannes die Waschmaschine an besonderen Tagen auffällig ist. Zu ihrem oder seinem Geburtstag, zum Todestag, Weihnachten usw. Immer nur bei „Feinwäsche". Die Frau erzählte ihrer Freundin davon und die meinte: „Das ist nicht dein Mann, sondern ein Kurzschluss bei der Waschmaschine." Sie kann schon recht haben, aber warum tritt dieser Kurzschluss immer an besonderen Tagen auf? Und nur bei „Feinwäsche"? Doch eine Botschaft?

46

Wieder von einer anderen Frau deren Sohn an plötzlichem Herzversagen mit einundzwanzig Jahren starb. Der Sohn warf die Zierpolster im Raum herum. Anfangs konnte sie sich das nicht erklären, doch dann war ihr klar, ihr Sohn will ihr Zeichen geben. Als ihr das bewusst war, war der Spuk mit den Polstern vorbei.

## In Liebe eingehüllt

Ein Jahr vor dem Tod meines Vaters, sagte er zu meiner jüngeren Tochter, die seine Herzensvertraute war, dass er in einem Jahr sterben würde, obwohl er zu dieser Zeit nicht krank war. Es war auch so. Er ist fast am Tag genau nach einem Jahr gestorben.

Es war ein Jahr der Versöhnung und des Abschiednehmens zwischen meinem Vater und mir. Er hat sich für vieles entschuldigt, obwohl entschuldigen vorher ein Fremdwort für ihn war. Es war ein besonders liebevolles Jahr zwischen uns beiden.

Am Morgen nach seinem Tod hatte ich plötzlich ein sonderbares Gefühl. Als wäre ich in Watte eingepackt. Ich war so erschrocken darüber, dass ich aus dem Bad lief. Als ich mich beruhigt hatte, dachte ich: „Das war Papa, er verabschiedet sich von mir und will mir sagen, dass es ein Jenseits gibt."

Anschließend hatte ich den Drang, eine Porzellanfigur zu kaufen. Zu diesem Zeitpunkt war mir nicht klar, weshalb. Ich dachte, vielleicht will ich ein Andenken zum Tod meines Vaters. Da mir seit meinem achtzehnten Lebensjahr die Hummelfiguren gut gefallen, aber ich mir nie eine gekauft habe, wollte ich eine kaufen, doch ich spürte, dass keine davon die entsprechende war. Dann sah ich sie - und wunderte mich, weil mir die Figuren von Giuseppe Armani bisher nie gefallen haben, doch ich spürte - die muss es sein und kaufte sie.

Diese Figur stellt ein kleines Mädchen dar, mit einer Figur und Beinen wie ich sie als Kind hatte. Es schmiegt ein Küken an ihre Wange und zwei Küken stehen bei ihren Füssen.

Ist es eine Botschaft oder bin ich hysterisch? Auf jeden Fall ist diese Figur, die ich am Tag nach dem Tod meines Vaters gekauft habe, für mich eine sehr wertvolle Erinnerung an meinen Vater geworden.

48

Vater grüßt zum Muttertag

Mein Vater wünschte uns erwachsenen Frauen, das heißt meiner Mutter, die er Mama nannte, seinen Töchtern und Schwiegertöchtern zum Muttertag immer alles Liebe. Ich fragte ihn einmal, warum er das macht, wir sind ja nicht seine Mütter. Er antwortete: „Das nicht, aber ihr seid Mütter." Ich habe das bei meinen Kindern, ich habe zwei Töchter, fortgesetzt. Allerdings nicht, weil sie Mütter waren oder sind, sondern weil ich mich keineswegs als Mutter ehren lassen will. Wie sie sich bei mir als Mutter bedanken, mag ich mich bei ihnen für ihr Kind sein bedanken.

Als ich zum 1. Muttertag nach dem Tod meines Vaters zu meiner Mutter kam, wollte sie mir unbedingt etwas aus dem letzten Zimmer zeigen (wir mussten vorher durch zwei Zimmer durchgehen). Ohne etwas zu bemerken, ging sie an einem großen Blumenstock vorbei. Als ich zu diesem Blumenstock kam, blieb ich wie angewurzelt stehen. Mein Vater hatte einige Jahre vorher an den Übertopf des Blumenstockes ein Bild mit einem Blütenkranz angeklebt und meiner Mutter zum Muttertag geschenkt.

Etwa eine Stunde, nachdem er ihr dieses Geschenk gemacht hatte, gerieten beide in Streit und mein Vater wurde hysterisch. Erst als er sich ein bisschen beruhigt hatte, sprach ich mit ihm darüber. Er konnte es auch annehmen, was ich sagte. Ich erklärte ihm auch einige Hilfsmöglichkeiten, damit er nicht tobt, denn er erzählte mir, dass er das gar nicht will. Hätte ich damals schon die Blockaden ablösen können, hätte ich ihm damit sehr geholfen. Wir hatten ein gutes Gespräch, ich merkte seine positive Veränderung bei den nächsten Besuchen.

Und nun zum Muttertag nach seinem Tod lag dieses Bild am Boden und meine Mutter merkte es nicht. Mir war sofort klar, dass das eine Botschaft von meinem Vater war. Ich kam mir überheblich vor, diese Botschaft für mich anzunehmen, daher sagte ich zu meiner Mutter: „Papa will dich zum Muttertag grüßen." Meine Mutter aber reagierte gar nicht darauf. Ich bat sie, mir das Bild zu borgen, bis ich es kopiert habe. Auf der

Fahrt nach Hause wurde mir aber schon bewusst, dass mein Vater nicht meine Mutter, sondern mich gemeint hat. Vielleicht als Dankeschön, weil ich mich damals verständnis- und liebevoll mit ihm auseinandergesetzt habe.

Die ersten Jahre nach dem Tod meines Vaters kamen viele Botschaften von ihm, ohne dass ich darum gebeten habe. In den letzten Jahren sind sie seltener geworden.

Viele Menschen wollen eine Botschaft erzwingen, aber das funktioniert dann gar nicht. Wir müssen selbstlos dabei sein, das heißt, das Ego weglassen. Botschaften zu erhalten und sie wahrzunehmen kann man üben.

Ich denke oft darüber nach, weshalb ich Botschaften vom Vater und von Gott unterscheide. Die Art ist verschieden und doch kann ich es nicht erklären.

Von guten Mächten wunderbar geborgen

Am 11. Jänner 2008 ist meine Mutter weniger als ein Monat vor ihrem 89. Geburtstag gestorben. Diesen Winter war sie bei meinem Bruder und meiner Schwägerin, die im gleichen Ort wohnen, doch es ging ihr gut. Bis dahin hatte sich meine Mutter selbst gekocht und den Haushalt geführt. Bügeln und staubsaugen musste ich ihr. Meine Schwägerin, die von meiner Mutter seit Jahren ein monatliches Entgelt in der Höhe des Pflegegeldes bekam, fuhr einige Tage vor dem Tod meiner Mutter mit ihr zum Arzt, weil sie in den Wochen bei meinem Bruder sehr wenig gegessen hatte.

Der Arzt schickte meine Schwägerin mit meiner Mutter ins Krankernhaus. Als mich meine Schwägerin verständigte, dass meine Mutter im Krankenhaus mit Krebs im letzten Stadium liegt, war ich selbst krank und konnte sie nicht besuchen. Da ich aber für meine Mutter immer die Vertrauensperson war, sagte ich zu meiner Schwägerin, sie solle meine Mutter für mich umarmen und Grüße von mir bestellen. Wenn aber meine Mutter sagt, dass sie mich braucht, bin ich sofort bei ihr. Das war aber nicht der Fall. Meine Schwägerin erzählte mir, dass die Ärzte meinten, dass sie meine Mutter für zwei Wochen im Krankenhaus behalten und sie aufpäppeln. Dann kann sie nach Hause, wird noch etwa sechs Wochen leben und dann sterben.

Ich war zu dieser Zeit in einer der Ausbildungen für humanenergetische Methoden, daher schrieb ich der Gruppe, dass ich in Zukunft nicht regelmäßig zu den Übungen kommen würde. Wenn meine Mutter wieder vom Krankenhaus zu Hause ist, werde ich das Laptop zum Arbeiten mitnehmen und bei ihr sein. Als ich das E-Mail verfasste spürte ich, dass meine Mutter keine Wochen mehr leben wird. Sie wird vorher sterben. Dann horchte ich in mich hinein und dachte: „Mutti stirbt jetzt." Daraufhin setzte ich mich in mein Bett, nahm im Geist meine Mutter beschützend in die Arme, wie ich es seit meinem zwölften Lebensjahr in natura gemacht hatte. Ein Therapeut sagte einmal: „Ihre Mutter hat sie ein Leben lang missbraucht." Meine Mutter erwartete von mir immer, dass ich ihr ihre Mutter ersetzte, die sie mit sechzehn Jahren verloren hatte. Als ich sie

51

nun im Geist beschützend in die Arme nahm, nahm sie meinen Kopf in ihre Hände und legte ihn in ihren Schoß, dabei sagte sie telepathisch: „Ilse nicht so, so, ich bin die Mutter und du bist die Tochter." Am nächsten Tag rief mich die Schwägerin an, dass meine Mutter gestorben ist.

Am Begräbnis meiner Mutter konnte ich nicht teilnehmen, weil ich sehr krank war. Ich litt schlimm an Bronchialkatarr, so, dass ich kaum atmen konnte. Merkwürdig, denn seit meinem fünfundzwanzigsten Lebensjahr hatte ich keine Asthmaanfälle mehr. Die Asthmaanfälle begannen in jungen Jahren, als mich meine Mutter gezwungen hat, einen Mann zu heiraten, den ich nicht liebte, nur um im selben Ort wie sie zu leben und daher immer für sie da sein zu können.

Als ich zwei Wochen nach dem Begräbnis wieder gesund war, fuhr ich zum Grab meiner Mutter in meinen Heimatort. Als ich wieder nach Hause kam, hatte ich das seltsame Gefühl, dass jemand in der Wohnung war. Die Tür war aber ordnungsgemäß abgesperrt. Also schloss ich die Tür auf und ging in die Wohnung. Von der Therme im Vorzimmer, die ich auch als Pinwand verwende, leuchtete mir ein weißes A4 Blatt entgegen und bewegte sich im Luftzug der geöffneten Tür. Ich kannte dieses Blatt nicht und sah es mir genauer an.

Darauf war mit PC geschrieben das Lied, das aus einem Brief von Dietrich Bonhoeffer aus dem KZ stammt und das ich meiner Mutter ein Jahr nach dem Tod meines Vaters zu ihrem 85. Geburtstag nach der Feier, als wir beide allein zu Hause waren, übergab. Seit dem Tod meines Vaters wollte sie mir immer wieder meine Meinung, dass es ein „Danach" gibt bestätigen. Sie sprach nur mit mir darüber, weil die anderen, wie sie es sagte, es nicht verstehen würden.

Von guten Mächten treu und still umgeben,
behütet und getröstet wunderbar.
So will ich diese Tage mit euch leben
und mit euch gehen in ein neues Jahr.
VON GUTEN MÄCHTEN WUNDERBAR GEBORGEN,
ERWARTEN WIR GETROST, WAS KOMMEN MAG.
GOTT IST MIT UNS AM ABEND UND AM MORGEN UND
GANZ GEWISS AN JEDEM NEUEN TAG.

Noch will das Alte unsre Herzen quälen,
noch drückt uns böser Tage schwere Last.
Ach Gott, gib unseren aufgescheuchten Seelen,
das Heil, für das Du uns bereitet hast.
VON GUTEN MÄCHTEN ...

Und reichst Du uns den schweren Kelch, den bittern,
des Leids gefüllt bis an den höchsten Rand.
So nehmen wir ihn dankbar ohne Zittern
aus Deiner guten und geliebten Hand.
VON GUTEN MÄCHTEN ...

Doch willst Du uns noch einmal Freude schenken,
an dieser Welt und ihrer Sonne Glanz.
Dann woll`n wir des Vergangenen gedenken
und dann gehört Dir unser Leben ganz.
VON GUTEN MÄCHTEN ...

Wenn sich die Stille nun tief um uns breitet,
so lass uns hören jenen vollen Klang.
Der Welt, die unsichtbar sich um uns breitet,
all Deiner Kinder hohen Lobgesang.
VON GUTEN MÄCHTEN ...

Dietrich Bonhoeffer (Brief aus der Haft. Dez. 1944)
**Für meine Mutti, zur Danksagung**
**an ihrem 85. Geburtstag!**
**In Liebe, Ilse**
(Feber 2004)

Bis heute weiß ich nicht, wie dieses Schreiben dorthin kam. Ich hatte es im PC gespeichert. Das heißt, ich muss es im PC aufgeschlagen haben, ausgedruckt, zur Therme getragen und so an der Therme befestigt haben, dass es sich im Luftzug bewegt. Ansonsten hängt dort nämlich alles so, dass es sich nicht bewegt, weil das störend wäre. Das alles muss ich gemacht haben, ohne mich daran zu erinnern.

Mir ist schon klar, dass nur ich es gemacht haben kann, denn Geistererscheinungen und Fremdenergien glaube ich, können telepathische Nachrichten senden oder telepathisch kommunizieren, aber nichts Körperliches tragen.

Oder ist das ein Phänomen, das ich noch nicht erlebt habe und jetzt nicht glauben kann? War es eine Botschaft meiner Mutter?

## ZUFALL
### Frauenkirche in Dresden

Zufall, ist eine Begebenheit oder ein Erlebnis, wozu wir selbst nicht bewusst etwas beitragen, oder es planen. Zufall heißt daher, dass Gott uns etwas zufallen lässt.

So ist es ein Zufall, dass meine ältere Tochter und ich vor Jahren im Urlaub einige Tage in Dresden verbrachten, obwohl das schon ein langjähriger Wunsch meiner Tochter Michaela war. Bevor wir nach Dresden kamen, kaufte ich im Erzgebirge einen Schwibbogen, bei uns heißt er „Schwiebogen" oder Lichterbogen, welcher in der Weihnachtszeit im Fenster steht. Auch das war Zufall, da ich mir seit Jahren einen kaufen wollte und immer das Gefühl hatte, noch warten zu müssen, denn ich werde einen besonderen finden. Im Erzgebirge habe ich mir einen anfertigen lassen, in dem zwei Engel ein Transparent halten, worauf steht: „Friede auf Erden".

Weiters ist es Zufall, dass gerade in dem Jahr 60 Jahre nach Kriegsende, die Frauenkirche als Mahnmal für den Frieden fertiggestellt wurde. Es war vorgesehen, dass sie im Jahr 2006 fertig sein wird. Meine Tochter und ich wollten in die Frauenkirche, haben aber dann davon abgesehen, da schon viele Leute beim Eingang angestellt waren. Wir wollten noch öfter nach Dresden kommen und die Frauenkirche besuchen, wenn sie in ihrer vollen Pracht fertig ist. Außen haben wir sie wohl betrachtet. Das nächste Mal war im nächsten Advent. Dresden ist die Stadt meiner Tochter. Sie hat das Gefühl, als würde sie etwas Besonderes mit dieser Stadt verbinden. Obwohl die meisten Gebäude kohlrabenschwarz sind, vielleicht aber gerade deswegen, waren wir beide berührt von dieser Stadt. Man dürfte uns die Begeisterung angesehen haben, denn wir wurden auf der Straße einige Male von Leuten angesprochen. Ein älterer Mann hat uns erzählt, wie er in Dresden den Krieg und die entsetzliche Bombardierung erlebt hat. Er wohnte gleich um die Ecke der Frauenkirche, seine Frau verbrachte ihre Kindheit einige Häuser weiter.

Die Weihe der Frauenkirche habe ich selbstverständlich im Fernsehen verfolgt, auch zwei Reportagen vom Aufbau der Frauenkirche.

Bei der Predigt sagte der Pfarrer, der Wiederaufbau der Frauenkirche, der nur durch die Bevölkerung zustande kam und nicht vom Staat, (wie es allerdings auch beim ersten Bau war) sowie Spenden von Menschen auf der ganzen Welt, insbesondere durch den finanziellen Beitrag Englands ist ein Zeichen, dass Friede gelebt werden kann. (Die Engländer haben die Stadt bombardiert zirka 35.000 Menschen kamen dabei ums Leben.)

So war es auch beim neuen Bau unter anderem ein Zufall, dass das Turm-Kreuz von einem Mann gemacht wurde, dessen Vater bei der Bombardierung dabei war. Das alte konnte man nicht mehr renovieren, es steht als Mahnmal in der Basilika. Es gibt Dinge zwischen Himmel und Erde, die wir Menschen nicht begreifen können, wodurch wir aber berührt werden sollen und Glauben lernen können.

Der Pfarrer sagte auch, die Frauenkirche wurde Hoffnungsträger und Brückenbauer. Auf den Kerzen steht geschrieben: „Friede sei mit euch".

Ich persönlich fühle mich durch die Friedensbotschaft sehr verbunden, nenne ich mich doch selbst ein Haus des Friedens und verkünde immer wieder den Frieden. Angefangen beim Frieden in uns, bis hin zum Frieden auf der ganzen Welt. Durch den gelebten Frieden retten wir viele Menschenleben und fördern den göttlichen Geist. Oft erlebe ich bei Menschen, auch wenn ihnen ihr ganzes Leben der Friede nicht wichtig war, beim Sterben ist er das Wichtigste. Nicht umsonst steht auf den Schleifen der Kränze oder auf Grabsteinen: „Ruhe in Frieden".

So schließe ich diese Betrachtung mit einem Gebet für den Frieden der Menschen, welche diese Verbrechen des 2. Weltkrieges zu verantworten haben/hatten, und für jene, welche sie zugelassen haben. Ich glaube, die durch sie getöteten Menschen, sind schon in das Reich Gottes eingegangen.

Ich möchte noch von einem wunderbaren Erlebnis, im Zusammenhang mit der Frauenkirche erzählen. Nach den

Übertragungen der Weihe der Frauenkirche und einer zweiten Übertragung über den Neuaufbau der Basilika, wollte ich meiner Tochter eine Freude bereiten, sie hatte nämlich die Sendungen nicht gesehen. Ich schrieb an die Touristeninformation ein E-Mail mit der Anfrage, ob ich für die beiden Sendungen Aufzeichnungen kaufen kann. Ich bekam die Antwort, dass man für eine der Sendungen, ich weiß heute allerdings nicht mehr für welche, vorhat, Cassetten zum Kauf anzubieten. Daraufhin rief ich dort an und erzählte, was meine Tochter und mich mit Dresden verbindet. Meine Begeisterung, in dem Wort steckt der Geist, dürfte die Angestellte überzeugt haben, sich dafür einzusetzen, dass ich für beide Sendungen Cassetten erhalten werde. Noch dazu rechtzeitig vor Weihnachten. Die Dame versicherte mir, es zustande zu bringen und wenn nur eine Cassette für mich hergestellt werden würde.
Meine Tochter hat einen Tag vor dem Hl. Abend Geburtstag. Also wollte ich ihr eine Cassette zum Geburtstag und die andere zu Weihnachten schenken.

Die Freude, die sie damit hatte, können Sie sich sicher vorstellen. Ich denke auch die Dame der Touristeninformation und alle jene, die damit zu tun hatten, dürften eine Freude mit meinem Dankschreiben gehabt haben.

Durch Zufall Energetikerin geworden

Nach einigen Abschieden innerhalb von etwas über einem Jahr, schlitterte ich in eine Energielosigkeit. Obwohl ich seit 1990 schon einige Ausbildungen, die für das Wohlergehen von Menschen gedacht waren, belegt hatte, konnte ich mir selbst nicht helfen. 2005 war ich deshalb bei einem Psychotherapeuten. Der konnte mir ein wenig helfen, indem er einen Satz sagte, denn ich mir nie gestattet hätte, ihn auszusprechen. Als ich aber kurze Zeit danach in der Apotheke war, sah ich durch Zufall einen Falter für einige Wochenendseminare und dachte, das könnte mir helfen. Das erste Seminar besuchte ich, kam aber zu dem Schluss, dass es doch für mich nicht geeignet wäre. Das Seminar fand in der Praxis einer anderen Frau statt. In dieser Praxis hing ein großes Poster an der Wand, mit dem Angebot der Ausbildung für Reiki-Meister. Mir fehlte noch der Meister, daher dachte ich, das könnte ich nun nachholen. Das war an einem Sonntag.

Ich schrieb also ein E-Mail an die Frau der Praxis, dass ich mich dafür anmelden möchte. Diese antwortete mir am Montag, ob ich nicht bei einer Ausbildung „Integraler Coach" Systemaufstellungen nach Bert Hellinger mitmachen möchte. Dieser beginnt am Freitag und dauert ein Jahr. Worauf ich verwundert nachfragte, ob da noch ein Platz frei wäre. Ich hatte es noch nie erlebt, dass ich so kurz vor Beginn einer Ausbildung noch einen Platz bekam. Lange Rede, kurzer Sinn, ich habe an der Ausbildung teilgenommen. Begonnen wurde dann schon Mittwoch am Abend. Am ersten Tag hatte ich allerdings so große Probleme, dass ich während einer Aufstellung unauffällig den Raum verließ, und nach Hause fahren wollte. Ich dachte, wenn das so schlimm ist, kann ich diese Ausbildung nicht durchstehen. Durch Zufall, obwohl die Aufstellung noch nicht zu Ende war, stand der Co-Trainer im Vorzimmer. Er fragte mich freundlich: "Musst Du schon gehen?" Ich antwortete ihm, dass ich das nicht aushalte. Wir haben das Problem geklärt und ich bin geblieben.

Wolfgang der Co-Trainer ist Deutscher und ich habe bis heute Kontakt mit ihm. Immer wenn er von Deutschland nach Wien kommt, besucht er mich. Seine Aufgabe außer Co-Trainer war es, wenn jemand bei Aufstellungen nicht aus der Fremdenergie herauskam oder schlechte Gefühle nach einer Aufstellung hatte, löste er die Blockaden ab. Auch ich kam einige Male in den Genuss und war von der Technik begeistert. Nach einigen Ausbildungsblöcken erzählte er uns, dass er Trainer dieser kinesiologischen Methode sei, die sich Three in One Concepts nennt. Wir waren fünf Personen, die ihn fragten, ob er uns einiges dieser Ausbildung beibringen würde. Ihn störte es nicht, dass er wegen so weniger Teilnehmer, aus Deutschland anreiste, da er die Freundschaft mit einigen von uns sehr schätzte. Wir schafften es allerdings, dass wir neun Teilnehmer wurden. Erst war ich nur neugierig und wollte wieder etwas Neues lernen. Doch nach einigen Blöcken und privaten Ablösen von Wolfgang wurde mir so sehr geholfen, dass ich mit der Ausbildung weiter machte, um damit anderen Menschen helfen zu können wie mir geholfen wurde. Das Burnout war abgelöst, so auch die Depressionen, die ich mein Leben lang hatte. Der Tinnitus wurde erleichtert und ich hörte wieder die Uhr ticken usw.

Ich hatte nicht vor, den Beruf als Energetikerin auszuüben, ich wollte nur ehrenamtlich helfen. Als ich aber 2008 mit einem plötzlichen akuten Drehschwindel ins Krankenhaus eingeliefert wurde und dort zweieinhalb Wochen bleiben musste, anschließend etwa drei Monate weder richtig gehen noch am PC arbeiten oder fernsehen konnte, war mir klar, dass einige Trainer recht hatten. Sie meinten, dass ich nicht alles kostenlos tun darf – der Energieausgleich muss gegeben sein. Ich meldete daher das Gewerbe an und verlange seither Honorar für diese Arbeit.

Ich konnte mir nicht vorstellen, dass ich mit meiner Arbeit so viel Erfolg haben kann. Sie erfüllt mich und macht mich immer wieder froh. Ich bin so glücklich, wie nie in meinem Leben vorher. Täglich danke ich Gott für die Zufälle, die mich zu dieser Arbeit gebracht haben.

Ihr Seid das Salz der Erde

Meine schönsten Erlebnisse verdanke ich Zufällen. Ich muss den Bogen weiterspannen, damit sie sehen, wie sich alles zusammengefügt hat.

Gott gibt uns durch seinen Sohn Jesus Christus die Chance, zum Salz der Erde und zum Licht der Welt zu werden. Wir Christen sollten so leben, dass jeder Mensch sehen kann, ein Christ zu sein ist etwas ganz Besonderes. Als Vorbild sollen wir leben. Nachahmungswert für jeden. Das ist gemeint damit, das Licht auf dem Berg nicht mit einem Scheffel zuzudecken.

Jeder Mensch hat die Möglichkeit auf seine Weise ein Körnchen vom Salz der Erde oder ein Funken vom Licht der Welt zu sein oder zu werden. Wie der betende Gaukler, dessen Geschichte ich erzählen möchte.

*Es war einmal ein Gaukler, der tanzend und springend von Ort zu Ort zog, bis er des unsteten Lebens müde war. Da gab er alle Habe hin und trat in ein Kloster ein. Aber weil er sein Leben bis dahin mit Springen, Tanzen und Radschlagen zugebracht hatte, war ihm das Leben der Mönche fremd und er wusste weder ein Gebet zu sprechen noch einen Psalter zu singen. So ging er stumm umher und wenn er sah, wie jedermann des Gebetes kundig schien, aus frommen Büchern las und mit im Chor die Messe sang, stand er beschämt dabei. Ach, er allein, er konnte nichts. „Was tu ich hier?" sprach er zu sich, „Ich weiß nicht zu beten und kann mein Wort nicht machen. Ich bin hier unnütz und der Kutte nicht wert, in die man mich kleidete." In seinem Gram flüchtete er eines Tages, als die Glocke zum Chorgebet rief, in eine abgelegene Kapelle. „Wenn ich schon nicht mit beten kann im Konvent der Mönche", sagte er vor sich hin, „so will ich doch tun, was ich kann".*

*Rasch streifte er das Mönchsgewand ab und stand da in seinem bunten Röckchen, in dem er als Gaukler umhergezogen war. Und während vom hohen Chor die Psalm Gesänge herüber wehen, beginnt er mit Leib und Seele zu tanzen. Mal geht er auf seinen Händen durch die Kapelle, mal überschlägt er sich in der Luft und springt die kühnsten Tänze, um Gott zu loben. Wie lange auch das Chorgebet der Mönche dauert, er tanzt ununterbrochen, bis ihm der Atem verschlägt und die Glieder ihren Dienst versagen.*

*Ein Mönch war ihm aber gefolgt und hatte durch ein Fenster seine Tanzsprünge mit angesehen und heimlich den Abt geholt. Am anderen Tag ließ dieser den Bruder zu sich rufen. Der Arme erschrak zutiefst und glaubte, er solle des verpassten Gebetes wegen gestraft werden. Also fiel er vor dem Abt nieder und sprach: „Ich weiß Herr, dass hier meines Bleibens nicht ist. So will ich aus freien Stücken ausziehen und in Geduld die Unrast der Straße wieder ertragen." Doch der Abt neigte sich vor ihm, küsste ihn und bat ihn, für ihn und alle Mönche bei Gott einzustehen: „In deinem Tanz hast du Gott mit Leib und Seele geehrt. Uns aber möge er alle wohlfeilen Worte verzeihen, die über die Lippen kommen, ohne dass unser Herz sie sendet."*

Das war meine Meinung, bis mich unser Pfarrer bei der Fußwallfahrt belehrte, dass wir das Licht der Welt sind. Nicht sein könnten oder werden, sondern sind.
Ich habe über diese Aussage nachgedacht. Sie ist sehr stark und einige Monate vor der Wallfahrt sprach mich dieser Satz bei einer Meditation so stark an, dass mir die Tränen wie ein unaufhaltsamer Fluss aus den Augen rannen. Auch dann noch, als ich vor Entsetzen die Augen aufriss. Vor Entsetzen deshalb, weil ich kleiner Wurm mich angesprochen fühlte, Salz der Erde und Licht der Welt zu sein.

Ich spürte, dass es einen Zusammenhang mit den Landminen/Anti-Personen-Minen gab. Also war meine Frage an Gott, ob nicht die Opfer der Minen gemeint sind. Zu sündhaft kam mir der Gedanke vor, mir einzubilden, ich sei ein Salz der Erde, oder ein Licht der Welt. Gott hat mich eines anderen belehrt, indem ich ein Resümee über meine Beteiligung zum Gesetz des Verbotes von Anti-Personen-Minen in Österreich geschrieben habe. Gottes Wille zieht sich wie ein roter Faden durch die ganze Erzählung. Von verschiedenen Organisationen wurde meine Erzählung ins Englische übersetzt und rund um die Welt verbreitet, um Menschen in anderen Ländern Mut zu machen.

Nun das Resümee:

## Wie eine geschnittene Rose

Wie eine geschnittene Rose war mein Weg mit den Anti-Personen-Minen (APM). Der Schnitt erfolgte 1994. Durch Zufall, da ich normalerweise zu dieser Tageszeit nicht fernschaue, sah ich eine Fernsehsendung. Ein deutscher Arzt berichtete aus einem asiatischen Krankenhaus und zeigte einen Film über schwer verwundete Menschen, die durch Minen verletzt wurden. Er erklärte dazu, dass diese Wunden jahrelang nicht heilen, dass man die Operationen jahrelang nicht abschließen kann. Die Splitter dieser heimtückischen Minen seien nämlich aus Plastik und dadurch im Röntgen nicht zu sehen.

Ich war so tief betroffen, dass ich erst einmal bitterlich weinte. Gott fragte ich, warum er mich so machtlos, so hilflos sein lässt. Warum er mir nicht einen Partner schickt, der genauso ist wie ich. Was kann ich allein schon tun? Ich glaube, das werde ich nie mehr sagen, denn jetzt sehe ich erst, wie Gott mir zeigte, dass ich ein Teil seines Werkzeuges sein sollte. Er führte mich auf den Weg mit den APM. Und plötzlich war ich nicht mehr allein.

Ein Mitglied von Pax Christi kam eines Abends und erzählte, er habe sich einen Vortrag in der UNO-City angehört, wo er erfahren hat, dass tonnenweise Personenminen von Flugzeugen abgeworfen werden. Dann hörte ich schon vom Roten Kreuz und UNICEF. Versöhnungsbund und Wiener Friedensbewegung riefen zur Gründung einer Plattform auf. Die österreichische ANTI-PERSONEN-MINEN-KAMPAGNE wurde ins Leben gerufen.

Es kann nur Gottes Wille gewesen sein, dass ich mich, wie die Dornen es tun, in Konflikten sehr oft verletzen ließ. Man kann darüber lächeln oder es übergehen, wie es manche getan haben. Das verletzte mich noch mehr.

Aber es gab auch Hoffnung, wie die Blätter. Als die Menschen immer mehr wurden, die von den APM schon gehört hatten. Die Woche in Genf bei der Internationalen Friedens-Konferenz.

Die Erfahrung mit den Leuten der Internationalen APM-Kampagne. Mein Gespräch mit unserem Gesandten Dr. Ehrlich in Genf, das sich meiner Meinung nach, teilweise Monate später im Parlament wiederfand.

Die Kelchblätter waren die Gespräche am Tag vor dem Gesetzesbeschluss mit einigen Abgeordneten zwischen ihren Sitzungen und meiner Meinung: „Jetzt können wir nur noch beten. Ich werde bei der Abendmesse in unserer Pfarre eine Fürbitte sprechen." Mir fehlte jedoch der Mut, sie laut auszusprechen, aber mein Gebet war so inbrünstig, dass ich bei der Eucharistie das Gefühl hatte, meine ganze Seele schreit zum Himmel. Ob sie es tat? Mir wurde, während des Gottesdienstes klar, ich muss nicht beten: „Gott hilf mir, oder hilf den Menschen, die von Minen bedroht werden." Auch nicht, dass er den Heiligen Geist über die Parlamentarierinnen und Parlamentarier senden soll. ER wünscht das totale Verbot der APM. ER hat mich ausgesendet. ER wollte, dass ich etwas tue gegen diese Minen. ER hat die APM nicht erfunden. Wir Menschen waren es und er hat uns den freien Willen gegeben. Ich glaube, ich habe seine Tränen geweint, als ich das erste Mal von diesen Minen hörte.

Doch in der Nacht, es war 10 Minuten vor 12 und dauerte bis ca. 1 Uhr, vom 12. auf den 13. Dezember 1996. Die Rose erblühte! Wie ein Wunder war dieses Erlebnis im Hohen Haus. Die Abgeordneten, die zu uns auf den Balkon lachten. Die uns durch Kopfnicken ihre Achtung vor unserem Engagement zeigten. Die Aussprachen, dass wir eine kleine Gruppe sind, die wir uns für das totale APM-Verbot eingesetzt haben. Das alles hat mich überwältigt. Ich stand mit gefalteten Händen und Tränen in den Augen, weil ich es nicht fassen konnte. Bis einer der Abgeordneten zu mir zum Balkon kam und mir mit den Händen bewusst machte: „Ihr habt es geschafft!" Sprechen durfte er nicht mit mir als Zuschauerin.

Dieses Thema wurde erst in der Nacht abgestimmt, zu der Zeit sind keine Zuschauer zugelassen, daher wurden wir anschließend zu einem Hinterausgang gebracht.

Vor Aufregung konnte ich den Rest der Nacht nicht mehr schlafen. Als ich am Morgen doch beim Einschlafen war, weckte mich meine Tochter mit einer Stimme voller Freude „Mama, ich gratuliere!" Wozu? fragte ich. „Im Radio wurde das totale Anti-Personen-Minen-Verbot verkündet."

Im März 1998 habe ich folgenden Artikel für das Infoblatt der ARGE Haus des Friedens geschrieben.

Auch große Freude muss verarbeitet werden.
Viele von Euch wissen, dass ich mich sehr für ein Verbot der Anti-Personen-Minen eingesetzt habe. Manche kennen auch das Resümee, das ich darüber verfasst habe. Da schrieb ich, als ich das erste Mal von diesen Minen hörte, fragte ich: „Was kann ich allein schon tun?"

Nun aber haben wir im vergangenen Dezember den Friedensnobelpreis dafür erhalten. Das heißt, ich bin eine Friedensnobelpreisträgerin damit geworden. Nie mehr werde ich sagen, was kann ich allein schon tun, weil mir das wieder zeigt, wie mächtig Gottes Wille ist und wie stark er Menschen werden lässt, die seinen Willen befolgen.
Ich bin eine von vielen Menschen weltweit (insgesamt 1.200 Personen auf der ganzen Welt vernetzt), die wir uns um diesen Friedensnobelpreis verdient gemacht haben. Mein Beitrag dazu war sicher nicht der kleinste, aber trotzdem habe ich das Gefühl, es ist nicht meine Leistung, sondern ich war nur das Werkzeug Gottes. ER hat mir die richtigen Worte zur rechten Zeit eingegeben. Ich danke IHM dafür und freue mich.
Die Freude, die Dankbarkeit und die Demut waren in den ersten drei Tagen und Nächten, nachdem mir diese Nachricht übermittelt wurde, so stark, dass ich sie kaum bewältigen konnte. Eine so große Freude und Dankbarkeit habe ich in meinem Leben noch nie verspürt. Nicht einmal, wie meine Kinder geboren wurden. Ich musste diese übergroße Freude genauso verarbeiten wie eine tiefe Trauer. Schlussendlich hat mir ein Lied dazu verholfen, oder besser ein Satz: „Lautate

omnes gentes (lobt alle Völker den Herrn)." Einen ganzen Tag (ich war mit dem Auto unterwegs) sang und summte ich diese Worte und dachte nachher, ich hätte nun meine Gefühle im Griff. Dem war aber nicht so. Als einige Tage danach der Kaplan unserer Pfarre, genau diese Melodie anstimmte, verlor ich die Kontrolle über die Dinge, die in mir vorgingen. Ich weinte unaufhaltsam. Auch die demütige Haltung meines Körpers half nicht mehr, die Tränen zurückzuhalten.

Als auf mein Ersuchen eine Feier von unserer Kampagne stattfand, hatte ich aber die riesengroße Dankbarkeit schon verarbeitet und konnte, ohne mit den Tränen zu kämpfen, darüber reden.

Ich habe über dieses Erlebnis berichtet, um Euch meine Erkenntnis, dass sehr große Freude genau wie eine tiefe Trauer zu verarbeiten ist, mitzuteilen. Außerdem möchte ich Euch Mut machen, anstatt des Satzes, den man ja sehr oft hört und den ich nie mehr sagen werde: „Was kann ich allein schon tun.", etwas zu tun. Gerade bei unserem Einsatz für sterbende und trauernde Menschen stehen wir oft vor einem fast unüberwindlichen Problem. Scheut euch nicht davor, es in unsere Gemeinschaft einzubringen. Gemeinsam haben wir eine geballte Kraft und können auch in der Politik vieles erreichen.

PS: 2020
In Wien waren hauptsächlich der Sekretär und der Pressesprecher der Wiener Friedensbewegung Andreas Pecha und Alois Reisenbichler, Claudia K. und ich bei Großveranstaltungen unterwegs, um Unterschriften zu sammeln. Ich suchte mir nach einiger Zeit kleine Gruppen, damit ich gleichzeitig mehrere Menschen ansprechen konnte. Es kannte damals niemand die APM, also musste ich erklären, was APM sind und was damit angerichtet wird. Nach dem Tod von Lady Diana, die sich auch stark gemacht hatte gegen die APM (was aber bei uns niemand wusste und erst durch ihren Tod publik wurde), hätten wir es leichter gehabt.

# VORAHNUNG

Vorahnung ist, wenn ich etwas fühle oder spüre, das sich in einer Entfernung von mir abspielt, wo ich es nicht sehen, oder spüren könnte wahrnehme, bevor es zutrifft.

Vorahnende Wahrnehmungen sind etwas, das ich gelernt habe als die Wahrheit anzunehmen. Oft habe ich dann auch die Beweise dafür. So habe ich z.b. den Tod unter anderen Menschen von Bundespräsident Klestil, Peter Alexander oder von Udo Jürgens gefühlt, jeweils kurz bevor es öffentlich war. Als ich mir z.b. die Geburtstagsfeier anlässlich des 80. Geburtstages von Udo Jürgens im Fernsehen angesehen habe, ertappte ich mich bei dem Gedanken: „Der stirbt bald." Dann dachte ich: „Weshalb komme ich auf diese Idee, der ist doch kerngesund, was er eben von sich sagte." Ich fühlte, er wird nicht während eines Konzertes sterben, aber er wird fast von einem Moment auf den anderen tot sein. So war es dann auch, denn er starb während eines Spazierganges.

Das ist noch etwas, das ich verstehen kann. Weshalb ich die beiden Tsunamis und die damit verbundenen Katastrophen in Japan wahrgenommen habe, und viele andere Katastrophen weltweit spüre, bevor sie geschehen, verstehe ich nicht.

Die Hl. Drei Könige - Astrologen
Wahrscheinlich geht es ihnen genauso wie mir. Immer zur Zeit
der Hl. drei Könige mache ich mir Gedanken darüber, was es
mit dem Stern, der die Sterndeuter den Weg bis zum Stall in
dem Jesus geboren wurde, führte, auf sich hat. Waren die drei
Könige, weise Männer, Astrologen oder Wichtigtuer?

Vor einigen Jahren machte ich eine Erfahrung, die dazu passt.
Ich musste nach Ungarn fahren und lud eine Bekannte ein
mitzukommen. Während der Fahrt fragte ich so beiläufig: „Den
Pass hast du mit?" Ich erwartete ein „Ja." Doch oh Schreck, sie
hatte ihn zu Hause gelassen. Nicht weil sie ihn vergessen hatte,
sondern weil ihr der blitzartige Gedanke kam, dass sie ihn nicht
brauchen würde. Das wurde für uns am Abend Gegenstand
eines langen Gespräches, das teilweise sehr lebhaft verlief.

Die Zeit war zu kurz, um wieder zurückzufahren, ich hatte
nämlich einen festen Termin in Sopron. Nachdem man meine
Bekannte ohne Pass nicht nach Ungarn einreisen ließ, setzte ich
sie an der Grenze ab. Sie musste einige Stunden auf mich
warten, was sie nicht störte, wie sie mir versicherte.

Beim gemeinsamen Abendessen kamen wir wieder darüber ins
Gespräch. Meine Bekannte wiederholte, sie hätte den Pass
schon in der Hand gehabt, ihn wieder weggelegt mit dem
Gedanken, dass sie ihn nicht brauchen würde. Ich bin der
Meinung, sie hat in diesem Moment gefühlt, dass sie nicht nach
Ungarn fahren würde. Was sie nicht fühlte ist die Tatsache, dass
sie wegen des fehlenden Passes nicht nach Ungarn konnte.

Trotz unseres Hin und Her und der Verneinung so etwas
fühlen zu können von einigen anderen Menschen, die an
unserem Tisch saßen, bin ich der Meinung, dass sie es
voraussehen konnte. Wobei „können" nicht der richtige
Ausdruck ist, weil das kein Können, sondern eine Gabe ist und
kein Sehen, sondern ein Fühlen oder Wahrnehmen.
Somit sind wir bei der Fortsetzung unseres Gespräches. Ist
Wahrsagerei eine Gabe oder Scharlatanerie? Beziehungsweise,
ist Astrologie ein Instrument in die Zukunft zu sehen?

Vor einigen Jahren habe ich astrologische Seminare besucht und auch Bücher darüber gelesen mit dem Gedanken: „Wenn ich die Astrologie kennen lerne, lerne ich dadurch auch Menschen besser verstehen." Ob es mir viel gebracht hat, weiß ich nicht. Doch mir ist bewusst geworden, dass die Astrologie nicht dazu dient, konkret die Zukunft eines Menschen vorauszusagen.

Haben es die Hl. drei Könige durch ihr astrologisches Wissen errechnet oder war es die Weisheit, die Wachsamkeit oder die göttliche Eingabe, die sie zu Fuß, bis Bethlehem führte? Autos, Flugzeuge oder Eisanbahnen gab es zu dieser Zeit nicht. Sie stammten sicher nicht aus ein und demselben Land, wie auch aus ihrer Hautfarbe hervorgeht.

Die drei Könige sind aus dem Morgenland, wo immer dieses Land liegt, nach Bethlehem gekommen, weil dort ein „König" das Licht der Welt erblicken wird. Dass das Königreich „nicht von dieser Welt" sein wird, konnten sie sich wahrscheinlich gar nicht vorstellen. Wie meine Bekannte als sie den Pass wieder weglegte.

Ist „Wahrsagerei" eine Gabe, die es gilt, den Mitmenschen zum Wohle oder um selbst Geld zu verdienen, zu vermitteln? Hier teilten sich unsere Geister gewaltig. Wahrscheinlich sind die verschiedenen Erfahrungen der Grund, verschiedene Meinungen zu haben. Ich möchte hier meine Meinung darstellen, weil wohl jeder nur für sich sprechen kann.

Seit meiner frühesten Kindheit weiß ich, dass es Telepathie gibt. Es funktioniert bei mir zumindest, nicht immer mit dem eigenen Willen, sondern - ich nenne es: „Wenn Gott es will." Ich kenne auch seit meiner Jugendzeit, wie es ist, wenn „die Seele aus dem Körper tritt", dass Träume Erlebnisse schon jahrelang vorher zeigen können und Katastrophen körperlich spürbar sind. Ich habe es auch erlebt, dass eine Frau die gewerblich, das heißt ganz offiziell Wahrsagerei macht, aber auch von einer Frau, die aus Liebe die Zukunft vorhersagte, alles zugetroffen ist bis jetzt, ob auch der Rest der Vorhersagen zutreffen wird, weiß ich noch nicht.

Ob es nun Gnade oder Fluch ist, weiß ich allerdings auch nicht. Ich weiß nur von mir, dass ich mich lange dagegen gewehrt habe mir die Zukunft voraussagen zu lassen, weil ich wusste, dass ich ein Medium bin und weil ich Angst davor hatte, wenn mir was Schlimmes ins Haus steht, ich jahrelang in Angst und Schrecken leben würde. Dass ich das auch getan habe, obwohl mir etwas Wunderschönes vorhergesagt wurde, ist eine andere Geschichte.

Gedenken an die Tsunami-Opfer

Ich glaube, es ist richtig und heilend, per Flugzeug an den Platz zu fliegen, wo man einen nahen Angehörigen oder Freund bzw. Freundin verloren hat. Wo die Seele den Weg in die Herrlichkeit Gottes angetreten hat.

Aber was war es, was den Tsunami ausgelöst hat? Ich will Ihnen meine Meinung darlegen, auch wenn es für Sie fremd klingt.

Einige Wochen vor dem Tsunami, fühlte ich dreimal, dass eine riesengroße Katastrophe kommen wird. Beim ersten Mal hatte ich die Wahrnehmung, es hätte etwas mit Erdbeben und Wasser zu tun. Damals konnte ich mir nicht erklären, wie Wasser und Erdbeben zusammenhängen. Beim nächsten Mal brachte ich die Wahrnehmung mit der Aushöhlung unseres Planeten Erde durch die Erdöl- und Gasgewinnung in Zusammenhang. Beim dritten Mal hatte ich das Gefühl, es bedeute den Weltuntergang.

So, nun denken Sie mit mir darüber nach. Immer wieder hören wir von spirituellen Menschen, dass wir mit unserer Erde anders umgehen müssen. Man sagt uns, dass wir umkehren müssen. Was heißt das? 1995/96 habe ich einen Lehrgang „Ausbildung zur Moderatorin" mit dem Schwerpunkt „Nachhaltigkeit" absolviert. Bei den Arbeiten damit habe ich sehr viel Einsicht bekommen, wie sehr wir die Erde nachhaltig ausbeuten. Wir entnehmen der Erde viel mehr, als sie nachbringen kann. Wenn wir für unsere Enkel und Urenkel noch eine lebenswerte Welt erhalten wollen, müssen wir umkehren, unser Leben anders gestalten. Es muss gar nicht in großen Schritten sein. Schon kleine Schritte bringen Erfolg.

Damit bin ich wieder beim Tsunami angelangt. Als ich nach dem Tsunami zu meiner Tochter äußerte, dass es doch kein Weltuntergang war, erzählte sie mir, dass die Erdachse durch den Tsunami verschoben wurde und dass sich der Wasserspiegel gesenkt hätte. Da frage ich mich, hat das nicht doch mit dem Konsum von Erdöl und Erdgas zu tun? Bergwerke, welche nicht so viel Erdverdrängung durch den Abbau verursachen stürzen ein. Da muss es doch einmal auch durch das überdimensionale Absaugen des Erdöles dazu kommen.

„Können wir das denn ändern?", werden Sie jetzt fragen. Wir können!

Es fängt schon beim Verbrauch von Wasch- und Putzmittel an, welche wir verwenden. Ob sie abbaubar sind oder das Abwasser vergiften.

Ich fahre viel weniger mit dem Auto als vor meinem Wissen durch die Ausbildung zur Moderatorin. Flugzeug-Reisen vermeide ich. Ich verbiete sie mir nicht, doch ich schränke sie sehr ein. Daher war ich durch die vielen Flüge des verstorbenen Papst Pauls, immer sehr enttäuscht. Er sagte nämlich, die Schwangerschafts-Verhütung (nicht Abbruch- das ist auch meiner Meinung nach Tötung) sei ein Eingriff in die Schöpfung. Ihm aber hat Gott keine Flügel wachsen lassen, trotzdem flog er über hundertmal in der Weltgeschichte umher. Dabei wissen wir inzwischen alle, nicht nur ich, wie viel Schaden Flugzeuge mit ihrem hohen Spritverbrauch anrichten. Wie sehr die Meere durch Tankunfälle und Bohrinseln verseucht sind und noch weiter werden.

Ich will damit nicht richten, sondern darauf aufmerksam machen.

Tsunami zerstört Atomkraftwerk

Ich war an einem Nachmittag völlig erschöpft, weil ich eine Webseite ins Internet stellen wollte und es mir nicht gelungen ist. Die Erschöpfung war so groß, dass ich mich hinlegen musste. Da fühlte ich plötzlich ein intensives Erdbeben, das viele Nachbeben hatte, dabei hatte ich riesige Angst, Panik und grausige Übelkeit. Meine Wahrnehmungen waren: „Erdbeben - das ist mit Wasser verbunden - schreckliches Ausmaß - Japan." Ich konnte es mir nicht erklären und schob es weg - ich wollte nichts davon wissen. Dann bin ich eingeschlafen und habe eine Stunde geschlafen.

Vorher aber, als ich die Webseite ausgearbeitet habe, habe ich einen Link bearbeitet, den ich Wahre Werte nannte. Dafür habe ich folgenden (nächste Seite) Artikel aus 1999 verwendet und dachte dabei: „Heute trifft die Warnung und der Aufruf noch immer wie 1999 zu." Seit ich 1999 den Artikel für die Kundgebung: „Nie wieder Hiroshima" geschrieben habe, habe ich ihn nicht mehr gelesen, doch an diesem Nachmittag fiel er mir in die Hände.

Demut vor der Schöpfung
Kundgebung1999 - Nie wieder Hiroshima
Ich bin der Meinung, dass wir geboren werden, um wieder sterben zu dürfen. Das heißt für mich, dass wir ein gottgefälliges Leben führen müssen, um nach dem Tod das Paradies und den unendlichen Frieden erfahren zu können. Zum gottgefälligen Leben gehört es, das glaube ich, alles daran zu setzen, um alle Geschöpfe und die Natur zu erhalten, zu pflegen und zu schützen.

Atombomben, genauso wie die Atomreaktoren, sind Waffen und Werkzeug, die das genaue Gegenteil verursachen.

Nichts bringt nachhaltig so viel Leid und Schmerz über die Menschheit, als Atomwaffen. Aber auch Atomkraftwerke, die zwar nicht mit Aggression verbunden sind, aber da lautlos und die radioaktiven Strahlen unsichtbar, vielleicht sogar noch gefährlicher für die ganze Welt.

Noch haben wir Luft zum Atmen, aber wie wird es werden, wenn wir jetzt kein Ende damit machen? Wie sollen unsere Nachkommen weiterleben? Was antworten wir ihnen, wenn uns unsere Kinder, Enkelkinder oder Urenkel fragen: „Warum hast DU das zugelassen?"

Schöpfen wir wirklich, alle unsere Möglichkeiten aus, um unseren Kindern ein menschenwürdiges Leben zu sichern?

Verlieren wir durch das zurzeit bei uns in Österreich so unterhaltsame und erlebnisreiche Leben, den Überblick für ein sinnvolles Leben?

Wir müssten unsere Lebenseinstellung grundlegend ändern. Wir müssen aufwachen von unserer Lethargie und unserer Gleichgültigkeit! Wir schlafen nämlich nicht den Schlaf der Gerechten und wenn wir nichts tun, wird es ein schlimmes Erwachen.

Wir müssen lautstark gegen Atombomben und Atomkraftwerke eintreten. Es liegt in unserer Macht, das zu tun. Bitte sehen sie nicht OHN-MÄCHTIG zu, was unbedachte und unverantwortliche Menschen uns aufzwingen. Nie wieder Hiroshima! ist seit meiner Jugend ein Leitsatz für mich. In tiefer Trauer muss ich diesen Satz erweitern: „Weg mit allen

73

Atomwaffen und Atomreaktoren." Wir können es uns nicht leisten, um unserer selbst und vor allem um unserer Kinder wegen, still zu sein.
In Demut vor der Schöpfung Gottes.

Bitte denken sie darüber nach, vielleicht macht es Ihnen Mut, tatkräftig gegen den Wahnsinn der Mächtigen aufzutreten.

## EINFÜHLUNGSVERMÖGEN
### Mit anderen Augen

Eine Situation aus der Sicht eines anderen sehen, mit seinen Augen betrachten. Das kann man sogar aus der Sicht der Tiere oder Pflanzen.

Meine Tochter hat mir von einem wunderbaren Erlebnis erzählt. Sie war mit einigen Freundinnen und Freunden bei einem Festival. Die jungen Leute hatten ihren Lagerplatz in der Nähe eines kleinen Wäldchens aufgeschlagen. Als sie ein Lagerfeuer machen wollten, ging ein junger Mann nach dem anderen, um Holz zu sammeln. Jeder von ihnen kam aber ohne Holz zurück, weil sie keines gefunden hatten. Also machten sich die Mädchen auf die Suche. Außer meiner Tochter hat aber auch kein Mädchen Brennholz gefunden. Meine Tochter, die ein sehr spiritueller Mensch ist, stellte sich zum Waldrand und stellte folgende Frage: „Wo würde ich liegen, wenn ich ein abgebrochener Ast dieser Bäume wäre?" Sie ging zu der wahrgenommenen Stelle. Was lag da? Äste, die groß genug waren, um das Abendessen der ganzen Gruppe zu sichern.

Dafür muss ein kritischer Geist entwickelt werden, der die Intelligenz anregt. Meine Tochter ist sehr einfühlsam und lebt die Spiritualität auch schon seit ihrer Kindheit.

Beim Ablösen von Blockaden im Unterbewusstsein wird oft ein Text ausgetestet, der besagt, dass man ein wertschätzendes Eingestimmt-sein und eine Sensibilisierung des eigenen Selbst für andere, deren Überzeugung und Bedürfnisse entwickeln soll, damit es uns gut geht. Dieser Text bedeutet, wenn ich fühle, was der andere braucht, kann ich mich darauf einstellen und dadurch geht es mir selbst gut. Das heißt wiederum, wenn ich fühle, dass mich ein Mensch verletzt, weil er zu wenig Selbstbewusstsein hat, fühle ich mich nicht mehr verletzt, sondern habe Mitgefühl für ihn, aber kein Mitleid. Mitleid würde bedeuten, dass ich leide und das wäre auch nicht im Sinne unseres „Auftraggebers".

Ein anderes Beispiel:
Wenn ein Kaufmann spürt, was sein Kunde sucht, weiß er, was er dem Kunden anbieten soll, um einen Verkauf tätigen zu

können. Somit hat er zweifachen Erfolg, einmal psychisch und einmal finanziell.

Wir können nicht damit beginnen, bereits vollkommen zu sein, sondern wir müssen mit irgendetwas anfangen, dann entwickelt sich allmählich das wahre, instinktive Gefühl. Dafür darf man sich nicht abhängig von einer anderen Person machen, wie zum Beispiel einem Guru oder einem sogenannten Meister oder Lehrer. Das heißt nicht, dass man keine Hilfe annehmen darf. Abhängig darf man nicht werden, weil man dadurch wieder unfrei wird.

Wir können diese Wahrnehmungen oft nicht mit Worten erklären oder genau beschreiben. Aber daraus erwächst Weisheit.

Gegenverkehr bei Gefühlen

Ich fühlte mich in ihn hinein, meistens spürte ich, was er gerne aussprechen würde, denn er nickte zu dem, was ich aussprach. In meinem Leben habe ich mich oft in einen anderen Menschen hinein gefühlt, ich habe versucht „in seinen Schuhen zu gehen" oder „mit seinen Augen zu sehen", um ihn besser verstehen zu können. Deshalb spürte ich manches Mal den Schmerz anderer, was des Öfteren in mir Depressionen hervorgerufen hat. Erst seit mir das vor zirka 25 Jahren bewusst wurde, schütze ich mich nach Möglichkeit davor. Dass ich aber auch den anderen vor meinen Gefühlen schützen muss, erlebte ich erst vor einigen Jahren.

Ich wurde bei meinen eigenen Gedanken und Gefühlen ertappt von einem Mann, den ich bei einem Zusammenbruch, den er während eines Gottesdienstes erlitten hatte, „begleitete", bis die Rettung kam.

Ich selbst wünschte mir für einen Augenblick, so zu sterben: „Während des Gottesdienstes, im Kreis von Familie, Freunden und Bekannten." In diesem Moment öffnete dieser Mann die Augen und sah mich fragend an. Ich wollte ihm erklären, dass nicht er, sondern ich gemeint war, doch mir versagte die Stimme. Es war ein Fehler, den ein Begleiter nicht machen sollte.

Den berühmtesten und selbstverständlichsten „Gegenverkehr von Gefühlen" gibt es zwischen Liebenden.

Kommunikation mit Tieren

Ich habe die Erfahrung gemacht, dass man auch mit Tieren bewusst telepathisch kommunizieren kann. Franz von Assisi ist das berühmteste Beispiel dafür.

Manchmal muss ich lachen, wenn eine Fliege beim Fenster hereinkommt und ich ihr gedanklich „befehle" wieder hinauszufliegen. Am Stand dreht sie um und fliegt hinaus. Ich muss ihr aber in Gedanken den Weg weisen.

Inzwischen mache ich es mit Gelsen/Mücken und Ameisen.

Meine ältere Tochter war noch ein Kind, da hatte ihr ein Freund der Familie einen Goldhamster mit Käfig gekauft. Nachdem ich aber kein Tier in einem kleinen Käfig einsperren wollte, gehörte die damals 90 m² Wohnung ihm. Anfangs war es für mich ungewohnt, überhaupt seine Nachtaktivität. Als er mir das erste Mal in der Nacht über mein Gesicht lief, schrie ich wie am Spieß. Er tat es nicht mehr und ich hätte mich auch nicht mehr geschreckt. Wir nannten in Purzel und bald hörte er auf uns, wenn wir seinen Namen riefen. Er setzte sich in unsere Hand und war ganz zutraulich. Als wir lebhaft über ihn erzählten, meinte meine Mutter einmal: „Schade, dass so ein kleines Tier nicht denken kann." Einige Wochen später hatten wir folgendes Erlebnis mit ihm, das mir zeigt, dass so ein kleines Tier sehr gut denken kann und dass er wahrscheinlich auch telepathisch mit mir verbunden war.

Als ich in der Früh ins Wohnzimmer kam, hörte ich in der Küche ein eigenartiges Kratzen. Ich ging dem nach, weil ich wusste, dass Purzel irgendwo ist und von da nicht mehr herauskann, daher meldete er sich mit dem Kratzen. Er war in die Waschmaschine gefallen. Aber nicht in die Trommel, sondern in den Innenraum. Die Waschmaschine war von oben zu befüllen und auch der Wasserschlauch kam oben durch ein Loch aus der Maschine. Das Loch war sehr eng, trotzdem musste sich Purzel zwischen Metall und dem Schlauch durchgedrückt haben und dann in der Waschmaschine hinuntergefallen sein. Bevor wir einen Techniker für die

Waschmaschine holten, probierte ich ein Experiment, das auch gelungen ist.

Ich bog einen Drahtkleiderbügel auf, sodass unten der Bogen, den ich schmal zusammendrückte, war. Ich führte ihn in den Waschmaschinenraum bis zum Boden. Dann wiederholte ich immer wieder: „Purzel, halt dich an. Purzel halt dich an. Purzel ...." Er tat es wirklich. So lange, bis ich seinen Kopf beim Loch für den Schlauch sehen konnte. Dann zog ich ihn sanft mit den Fingern heraus. Es war immerhin etwa sechzig oder siebzig Zentimeter, den ich ihn mit dem Kleiderbügel hochgezogen habe. Meine immerwährende Aufforderung sich anzuhalten konnte er sicher nicht verstehen. Er konnte meinen Ton verstehen und wahrscheinlich telepathisch das wahrnehmen, was ich ihm empfohlen habe. Und da meinte meine Mutter, ein so kleines Hirn kann nicht denken.

Weshalb ich keinen Goldhamster habe? Sie leben nur ca. zwei Jahre. Zwei Mal hatte ich einen und jeder ist wesentlich älter geworden, wie es sonst Goldhamster werden. Wahrscheinlich, weil sie ihren Freiraum hatten und glücklich waren. Ihr Tod bzw. der Abschied, hat mich jedes Mal traurig gemacht und das will ich mir nicht mehr alle 3 Jahre (so alt wurde jeder der beiden), antun.

Apropos Stimme

Bei der Reflexion eines Buches, das ich von der Supervisions-
Tagung mitgebracht habe, dachte ich über eines meiner
Lieblingsthemen: „Der Klang der Stimme" nach. Immer wieder
staunen Teilnehmer, mit denen ich Gespräche führe, was man
mit dem Klang der Stimme alles bewirken kann.

So fing es an: Als junges Mädchen schlief ich in einem Zimmer
nahe den Schweineställen. Oft habe ich gehört wie die
Mutterschweine, die man Sau oder Zucht nennt, ihre Jungen
„lockten". Manches Mal wusste ich allerdings nicht, ob es ein
Mutterschwein war oder mein Vater, so naturgetreu hat es
mein Vater nachmachen können. Ich fragte ihn einmal, warum
er das tut. Er erklärte und zeigte es mir. Wenn das Schwein
diese lockenden Töne gibt, wird der Milchfluss angeregt und
die Jungen bekommen mehr Milch. Durch das Locken meines
Vaters haben die Zuchtsauen wettgeeifert und so erhielten die
Kleinen mehr Milch und wurden daher auch kräftiger. Meinen
Vater habe ich dafür sehr oft bewundert.

Ich begann damals, bewusster mit der Stimme zu leben. Das
heißt nicht mit meiner Stimme, die hat sich durch ein Schock-
Erlebnis selbständig gemacht und will nicht mehr richtig
gehorchen, aber mit dem Ton in meiner Stimme.

Mensch und Tier können durch den Klang der Stimme
wahrnehmen, was wir sagen und ausdrücken wollen. Ja, sogar
die Pflanzen. Manche Bauern lassen ihren Kühen Musik hören,
da sie merkten, dass ihre Kühe dadurch mehr Milch geben. Ich
kann mir das schon vorstellen.

Für mich ist es nicht befremdend, dass sich Franz von Assisi mit
Tieren unterhalten hat. Einmal hatte eine Freundin meiner
Tochter ihr Meerschweinchen mitgebracht. Im Nebenraum
hörte ich wie meine Tochter sagte: „Zeige dein
Meerschweinchen meiner Mutter. Du brauchst keine Angst zu
haben, meine Mutter kann gut mit Tieren umgehen." Damit
machte sie mir ein großes Kompliment.

So ist es auch mit Babys, welche ja den Sinn oder die Aussage unserer Worte noch nicht verstehen. Es gab noch kein Baby, das sich nicht von mir trösten ließ. Manche Mütter sagen mir, dass sich ihr Baby oder Kleinkind von keinem fremden Menschen trösten lasse, außer von mir. Das zu hören, tut mir immer gut, doch es ist nicht meine Leistung, sondern die meines Vaters.

Manches Mal, sind es wahre Wunder, die ich durch die Stimme erlebe. So ein Wunder habe ich mit „Frau Maria" erlebt.

## Frau Maria

Als ich Frau Maria kennen lernte, hatte ich Angst vor ihr. Sie war damals meine Arbeitskollegin. Da sie aber um mehr als dreißig Jahre älter war als ich und mit meiner Chefin befreundet, war sie diejenige, die mich für meine damalige Arbeit „erzog" und das mit konsequenter Strenge. Mit der Zeit hatte sie mich aber liebgewonnen, sodass sie es sogar gern gesehen hätte, wenn ich die Frau ihres Sohnes geworden wäre. Ihr einziger Sohn P. ist ein Jahr jünger als ich. Ich habe sehr viel von Frau Maria gelernt.

Bis zu ihrem Tod träumte ich oft von ihr und unserer gemeinsamen Arbeit. In den Jahren zwischen meinem Ausscheiden aus der Firma und der Verlegung meines Wohnsitzes in verschiedene westliche Bundesländer, hatte ich eine andere Berufslaufbahn eingeschlagen. Wir haben uns trotzdem gegenseitig manches Mal besucht oder miteinander telefoniert. Als ich nach Wien zurückkehrte, trat ich wieder mit ihr in Kontakt. Zu dieser Zeit war sie schon krank und hatte viele Schmerzen - aber keine Lebensfreude mehr. Ihr Mann war gestorben, noch bevor ich von Wien wegzog. Ich besuchte sie öfter, machte mit ihr Ausflüge in den Wienerwald oder wir setzten uns in ein Café

Einigen Jahre bevor sie starb hat mir Frau Maria das „DU-Wort" angeboten. Ich habe sie aber gebeten, mich immer noch wie bisher mit DU Ilse anzureden, ich möchte aber weiterhin Frau Maria zu ihr sagen. So habe ich sie kennen gelernt und so habe ich sie schätzen gelernt, sie soll meine FRAU MARIA bleiben, sagte ich damals zu ihr. Bis zu ihrem Tod haben wir es so gehalten.

Nach einem Krankenhausaufenthalt in Mödling brachte man sie nicht mehr nach Hause, sondern zu ihrem Sohn und seiner Familie mit vier Kinder ins Reihenhaus. Er wohnte in der Nähe von Mödling. Dort habe ich sie nicht besucht, da die Familie groß war, daher immer jemand für sie da sein konnte. Ich habe daher nur einige Male angerufen und mit Frau Maria geplaudert. Beim letzten Anruf erfuhr ich, dass Frau Maria wieder im KH Mödling sei. Also fuhr ich ins Krankenhaus.

Im Krankenhaus erkannte ich den Sohn von Frau Maria schon aus der Entfernung, obwohl wir uns viele Jahre nicht gesehen hatten. Die Frau, die bei ihm stand, musste wohl seine Ehefrau sein, die er mir dann auch als diese vorstellte. Das Krankenbett stand am Gang und ich hätte Frau Maria fast nicht erkannt, so abgemagert war sie. Sie konnte schon lange Zeit nicht mehr richtig essen. Der Sohn von Frau Maria kam mir entgegen und sagte mir, dass er schon mit meiner Tochter telefonierte, die sagte ihm, dass ich auf dem Weg zu Frau Maria war. „Das ist meine Mutter, oder was von ihr noch da ist", sprach er weiter. „Wie geht es ihr?", wollte ich von ihm wissen. „Sie reagiert überhaupt nicht", antwortete er, worauf ich ihn vorsichtig zur Seite schob.

Ich nahm Frau Marias Hand sanft in meine. Überall hatte sie Schläuche. Mein Gesicht nahe bei ihrem, flüsterte ich halblaut und ganz zärtlich, „Frau Maria! - Frau Maria! - Frau Maria!" Nach einiger Zeit sagte sie, ohne die Augen zu öffnen, „JA?!" Worauf ich weiter sprach, „Ich bin die Ilse, ich bin da." Und jetzt geschah für mich etwas Wunderbares. Mit deutlicher und fester Stimme sagte sie: „Schön, dass du da bist." „Ich bleibe hier", antwortete ich. Sie fragte: „Hast du denn Zeit?" Worauf ich wieder antwortete, „Ja, ich habe viel Zeit." „Das ist schön", meinte sie. „P. (der Sohn) ist auch da und seine Frau", „schön", antwortete sie noch einmal und war wieder weg. Ihr Sohn streichelte ihren Arm und sagte: „Mutter ich bin auch da", aber sie reagierte nicht mehr.

Wie mit dem Sohn abgesprochen, wäre ich am übernächsten Tag ins Krankenhaus gefahren. In der Nacht davor wurde ich aber um 2 Uhr wach und wusste, dass jemand mit den Gedanken bei mir war. Ich fuhr daher in der Früh ins Krankenhaus. Auf der ganzen Fahrt hatte ich das Gefühl, dass Frau Maria gerade sterben würde. Im Krankenhaus sagte man mir, Frau Maria sei um 6 Uhr 15 verstorben.

Obwohl ich ihr wünschte, dass sie sterben könne, spürte ich plötzlich eine Leere und tiefe Trauer. Ich weiß, sie ist jetzt gut aufgehoben und hat auch keine Schmerzen und keinen Kummer mehr. Nach dem Tod ist nichts mehr wichtig. Nur wir Hinterbliebenen, im Besonderen ihr Sohn und ich, denken wieder mehr über den Tod nach. Wir beide haben uns versprochen, uns nicht aus den Augen zu verlieren. Vielleicht kann ich ihm eine Schwester ersetzen.

## Kommunikation mit Pflanzen

Von manchen Menschen sagt man, sie hätten einen grünen Daumen, weil ihre Pflanzen wunderbar wachsen, blühen und gedeihen. Andere wiederum sprechen mit ihren Pflanzen und sind überzeugt, dass sie von den Pflanzen verstanden werden. Ich wusste zwar, dass die meisten Pflanzen der Sonne entgegenwachsen, das trifft sehr auffällig bei den Sonnenblumen zu. Die drehen ihre Köpfe von der Morgensonne bis zur Abendsonne. Schnittblumen drehen sich zum Mond.

Bevor in unserem Haus eine Totalsanierung durchgeführt wurde, hatten wir am Gang Fenster. Bei einem der Fenster hatte ich im Winter die Blumen der Fensterkästen stehen. Manche Pelargonien blühten den ganzen Winter über, da es am Gang nicht gefroren hatte.

Mein damaliger Nachbar erzählte mir einmal, dass er des Öfteren beobachtet, wenn ich nach Hause komme und bei meinen Blumen vorbeigehe, drehen sie mir ihre Köpfe nach. Ich dachte, er wollte mir etwas Liebes sagen, als Danke, weil ich ihn und seine Frau die taub war, öfter tröstete. Heute weiß ich, dass das wirklich möglich ist. Die Blumen schwitzen auch, was mich nicht sehr freut, da dadurch die Fenster schlecht sauber werden.

In der schlimmsten Zeit meines Lebens hatte ich ein Erlebnis mit einer Birke, das mir unvergessen bleibt.

## Die Birke

Es ist schon sehr lange her, als ich zu meiner Mutter sagte: „Ich komme mir vor wie eine Birke. Die Stürme drücken sie nieder bis zum Boden, doch sie erhebt sich wieder. Dann kommt ein starker Wind und zwingt sie wieder nieder und sie erhebt sich abermals."

So begab es sich, dass ich Jahre danach im Besitz eines großen ungemütlichen Hauses mit noch größerem Garten war. In diesem riesengroßen (dreitausend Quadratmeter) Garten stand, in Steine verwurzelt, eine kleine Birke. Lange Zeit beobachtete ich sie, weil sie nicht wuchs. Ich hegte und pflegte sie. Ich sprach auch mit ihr und vertraute ihr meine geheimsten Gedanken an. Auf einmal fing sie an, zu wachsen und wuchs sogar sehr freudig. Aber es kam der Tag, da ich dieses unfreundliche Haus mit riesengroßem Garten verlassen habe. Nur ca. 200 Meter entfernt, zog ich in ein anderes Haus mit freundlichen Fenstern und kleinem Garten ein. Ich wollte die Birke nicht im Stich lassen. Ich wusste, die Menschen, die nach mir kommen würden, hätten die Birke gerodet. Es war dann auch so, dass die restlichen Bäume alle gefällt wurden. Also musste ich die kleine Birke mitnehmen. Einen Strick an dem einen Ende an das Bäumchen, am anderen Ende an das Auto gebunden, so zog ich es langsam aus den Steinen. Obwohl ich vorsichtig ans Werk ging, blieb keine Erde an ihr. Sie war völlig entwurzelt. Genau wie mir, wurde ihr der Boden weggenommen.

Ich hob ein Loch in meinem neuen Garten aus, schlemmte die Wurzeln des Bäumchens fest ein und bat es, genauso wie ich, den Mut nicht zu verlieren. Wieder Fuß fassen, stark sein und den Stürmen des Lebens trotzen. Ich goss es fleißig und streichelte die Blätter der kleinen Birke. Ich hatte jedoch das Gefühl, dass sie immer müder wurde und schwächer. Mir ging es zu dieser Zeit genau so, aber ich durfte mich nicht unterkriegen lassen.

All mein Bitten, flehen, singen, beten, ja sogar mit schelten habe ich es versucht, das Bäumchen am Leben zu erhalten, half nichts.

Mein Bäumchen starb und lies mich allein. Kurze Zeit danach starb auch ich fast eines doppelten Todes. Erst seelisch, dann auch noch körperlich durch einen Herzstillstand bei einem Unfall. Nur, ich hatte zwei Kinder, die mich brauchten. Die kleine Birke hatte keine Kinder, also ist sie gestorben. Ich aber musste leben und bin noch sehr glücklich geworden. Glücklicher als je zuvor.

Meine Birke werde ich nicht vergessen, denn tot ist wirklich nur, wer vergessen ist. Ob meine Birke starb, weil ich bald danach wieder in meine Heimatstadt Wien übersiedelte und sie nicht mitnehmen hätte können?

Bevor ich Wien verlassen hatte, sind meine Blumenpflanzen nicht gut gediehen. Nur ein Gummibaum, den ich zur Geburt meiner jüngeren Tochter geschenkt bekam, existiert noch und das seit fast vierzig Jahren. Seit ich wieder in Wien zurück bin, wachsen und gedeihen die Pflanzen bei mir wunderbar. Das ging so weit, dass ich sogar zwei Wildrosensträucher in eine große Blumenwanne vor dem Fenster pflanzte und die blühten jedes Jahr den ganzen Sommer über. Wegen der Haussanierung mussten alle Fensterkästen und -Kisten entfernt werden, daher schenkte ich meine Wildrosen meiner Tochter für den Balkon.

DEJA VUE
Möglichkeiten eines Deja Vue
Für ein Deja Vue gibt es verschiedene Möglichkeiten.
Aus dem Internet, Wikipedia:
1. *Als Deja Vue (frz. „schon gesehen"), Erinnerungstäuschung, Bekanntheitstäuschung oder Fausse reconnaissance (frz. „falsches Wiedererkennen") Déjà-vécu-Erlebnis (frz. „schon erlebt") – bezeichnet man ein* <u>psychologisches</u> <u>Phänomen</u> *(psychopathologische Bezeichnung: qualitative Gedächtnisstörung), das sich in dem Gefühl äußert, eine neue Situation schon einmal erlebt, gesehen oder geträumt zu haben.*
2. *Manche Menschen fragen sich aber: „War ich schon einmal in einem vorherigen Leben hier?"*
*Wir schauen der Ursache auf den Grund.*

Als weitere Möglichkeiten kann ich mir Telepathie oder Wahrnehmungen vorstellen.

Deja Vue könnte demnach in diese Richtung fallen: Wir bekamen ein Bild als Vision oder Wahrnehmung, die wir nicht für „wahr" genommen haben, nicht einmal beachtet haben.

Sozusagen eine Vorausschau, die wir damals nicht als solche erkannten, weil wir keinen Vergleich hatten. Jetzt in diesem Moment - wo wir etwas sehen oder erleben und glauben, es schon einmal gesehen oder erlebt zu haben, haben wir aber den Vergleich und wissen, wir haben das schon einmal gesehen bzw. erlebt, es war aber in der Vision oder Wahrnehmung.

Es kann auch ein Traum gewesen sein, den wir nicht im Bewusstsein behalten haben.

## CHANNELING

Man kann Wissen auch durch Channeling mit Meistern, Heiligen, Engel usw. erfahren.

Das ist meiner Meinung differenziert von der Akasha Chronik - so, wie ich glaube, dass die Seelen der Verstorbenen noch viele, viele Jahre „erdnah existieren".

Claire Avalon schreibt in: „Channeling – Medien als Botschafter des Lichts": *Das Medium muss lernen, und das ist ein absolutes Muss, die Energien zu unterscheiden. Es lernt sich einzustimmen auf die Energie, Lichtkanäle zu bauen zu den hohen Ebenen, die Energie zu sehen, zu fühlen und zu riechen, je nach Form der Hellsichtigkeit."*

### Für mich gechannelt

Monatlich einmal besuche ich eine Gruppe, die sich mit alternativen Heilmethoden und anderen Techniken für Heilung befassen. Es werden von den Organisatorinnen immer Referentinnen und Referenten eingeladen, die uns verschiedene Methoden vermitteln. So kommt regelmäßig eine Frau die mit verschiedenen Engeln und Meistern channelt.

Als ich das erste Mal dabei war, kannte sie mich nicht. Ich stellte keine Fragen, aber sie sagte mir unaufgefordert, ich sei eine kleine Mutter Theresa und noch einiges mehr von vorzüglichen Charaktereigenschaften. Ich war darauf nicht vorbereitet und musste mich bemühen, um nicht zu weinen, weil ich davon so berührt war.

An einem anderen Abend, es war kurz nachdem Papst Franziskus im Amt war, als ich auf die Frage: „Wird sich durch den neuen Papst mein Herzenswunsch erfüllen?" folgende Antwort bekam: „Ja, aber es wird dauern."

An diesem Abend gab ich ihr meine Visitenkarte und lud sie zur kostenlosen Blockadenablöse ein, da ihre Finger sehr stark verformt sind. Es könnten Blockaden dahinterstehen, wenn wir diese ablösen würde sich dadurch vielleicht die Krankheit bessern.

Sie kam zwar nicht zu mir, aber sie dürfte sich meine Website angesehen und dadurch etwas über mich erfahren haben.

Vor einigen Monaten channelte sie nämlich wieder. Dieses Mal hatte ich wieder keine Frage gestellt, doch sie sagte mir: „Du hast Probleme mit dem Tod und leidest sehr darunter." Da konnte ich ihr nicht recht geben, denn es ist überhaupt nicht richtig. Im Gegenteil, weil ich keine Probleme damit habe, kann ich Sterbenden die Angst davor nehmen und Trauernde trösten.

# TRÄUME

*Im Schlaf und Traum*
*verriet und zeigte meine Seele,*
*was in meinem Herzen war,*
*zeigte es in deutlichen Bildern,*
*der Wahrheit getreu*
*und in prophetischer Form.*

Dostojewski

Träume kommen aus der Akasha Chronik, das ist das Wissen aus dem Universum. Im Universum ist alles Wissen gespeichert.

Wir sehen in Träumen oft Bilder und Menschen, die wir noch nie mit unseren eigenen Augen gesehen haben.
Es heißt zum einen, dass wir in den Träumen den Alltag aufarbeiten, aber Träume zeigen uns sehr oft etwas - warnen uns, lehren uns, weisen uns auf etwas hin.

Schon im Alten Testament wird immer wieder über Träume und deren Auslegung beziehungsweise Deutung geschrieben. Denken Sie zum Beispiel an Joseph von Ägypten - mit den sieben guten und den sieben schlechten Ernten.

Oder:
Josef, der Ziehvater von Jesus träumte, dass er mit Jesus und Maria flüchten sollte. Wie sehr sich der Traum bewahrheitet hat und wie gut es war, dass Josef den Traum ernst genommen hat, kennen wir aus dem Neuen Testament.

Träume helfen uns oft, Entscheidungen zu treffen.
Es ist daher großartig, dass man Träume mit einer schamanischen Reise deuten bzw. erklären kann.

Ich habe oft Träume, die sich etwas später in natura ereignen. Manches Mal machen sie mir Angst und ich bin übervorsichtig geworden, da ich einmal wegen eines Traumes etwa einhundert Menschen in Aufruhr gebracht habe.

Seit ich sie aber mit Schamanischen Reisen deuten kann, ist es mir gelungen, sie deutlicher auslegen zu können.

Auch mit Systemaufstellungen können Träume erklärt werden.

Ich habe also seither von Wahr-Träumen keine Angst mehr.

Ich habe geträumt

Ich war zwanzig Jahre alt als ich träumte, aus dem Rauchfang meines Elternhauses stieg Rauch auf, obwohl nicht eingeheizt war. Der Rauchfang stürzte ein und drückte den Fußboden unserer Wohnküche (gewöhnlich unser privater Aufenthaltsraum) so ein, dass meine Mutter, mein Vater und ich hinfielen und in die Tiefe rutschten. Ich war tottraurig und hatte schreckliche Panik. So der Traum.

Einige Wochen danach. Es war Kirtag in unserem Ort. Ein paar Leute meinten Brandgeruch wahrzunehmen. Da mein Elternhaus gleich nebenan stand, sahen mein Vater und ich auf den Dachfirst und waren der Meinung, es komme nicht von unserem Haus. Meine Geschwister und die anderen Verwandten an unserem Tisch, haben die Sorge, welche Papa und ich hatten, gar nicht gemerkt.
Es war der Traum, der mich veranlasste, ohne mich bemerkbar zu machen, der Ursache des Geruches auf den Grund zu gehen. Ich ging meiner Meinung nach unbeachtet zu unserem Haus, öffnete das große Haustor, stellte mich in den Hof und sah zum Dachfirst. Ich war mir nicht sicher, ob das Rauch war, was vom Dach aufstieg. Als ich noch am Überlegen war, stand schon mein Vater neben mir. Ich sagte nur: „Papa, steigt da drüben Rauch auf?" Mein Vater war ein sehr ernsthafter Mensch. Er sah zum Dach, fing an zu den Ställen zu laufen, die Schweine wurden laut (meine Eltern hatten neben dem Kaufmannsladen auch eine Schweinezucht und das Stroh dafür hatten wir auf dem Dachboden gelagert) und Papa gab keine Antwort auf meine Rufe. Ich dachte, mein Vater hat wieder alle Hände voll zu tun mit dem Feuerlöschen.
Einige Jahre vorher hatten wir das schon einmal. Damals wachte meine Mutter nachts auf und war der Meinung Brandgeruch zu riechen. Das konnte nicht sein, weil wir in unseren Schlafräumen von den Ställen nichts riechen konnten. Ich wurde damals geweckt, weil ich meinen Vater panisch „Ilse" rufen hörte. Daraufhin rannte ich zu den Ställen, wo es schon lichterloh brannte. Mein Vater löschte mit Säcken und bloßen Händen, meine Mutter und ich mit Wasser. Wir konnten den Brand löschen, doch einige kleine Ferkel waren verbrannt.

Mit dieser Erinnerung lief ich zurück zum Kirtag. Da aber versagten meine Knie und ich musste mich setzen. Eine Frau sah mich und fragte, was mit mir los sei. Ich konnte nur sagen: „Bei uns brennt es". Dann nahm alles seinen Lauf. Die Musik hörte auf zu spielen und die Leute hörten dadurch auf zu tanzen. Die Feuerwehrmänner des Dorfes liefen zum Feuerwehrhaus und die restlichen Menschen in unseren Hof und Garten. Mein Schwager wollte die Wohnung meiner Eltern aufsperren, fand in der Aufregung keinen Schlüssel, brach ein Fenster ein und beim Hineinklettern zerbrach er einen Liegestuhl. Usw.

Nach einiger Zeit, als ich wieder stehen konnte, ging ich in unseren Hof und da kam auch schon mein Vater mit der Nachricht, dass es bei uns nicht brenne. Meine Mutter schämte sich vor den vielen Leuten für mich. Mein Vater aber nahm mich in die Arme, denn er sah genau dasselbe wie ich. Ich hatte das Gefühl, dass er mir dafür dankbar war, gemeinsam mit ihm die Verantwortung getragen zu haben. Um mir meine Angst zu nehmen, er hätte vielleicht etwas übersehen, nahm er mich an der Hand und wir kletterten beide auf den Dachboden. Er ließ mir die Zeit, dass ich jeden Punkt, welcher aussah wie ein Funke im Stroh, angreifen konnte. Auf der anderen Seite des Dachbodens stiegen wir über eine Treppe wieder hinunter. Inzwischen spielte die Musik wieder und die Leute tanzten. Einige Männer hatten aber eruiert, was geschehen war.

Im Gasthaus wurden Mengen an Schnitzel gebacken. Der Hof meines Elternhauses ist rundum abgeschlossen; weil Niederdruck war, hat sich der Dampf hier abgesenkt. Mit dem Öffnen des Tores entstand ein Luftzug und drückte den Dunst hoch. Durch das grelle Licht vom Kirtag sah es aus, als würden Rauchschwaden hochsteigen.

Einige Monate danach, erfüllte sich aber der Traum wirklich, indem Unglück über uns hereinbrach. Da war der dunkle Rauch, der Zusammenfall des Rauchfanges und meine Eltern und ich hatten den Boden unter den Füßen verloren. Meine komplette Lebensgrundlage brach zusammen, wie der Rauchfang und der Boden unserer Küche.

Dieses war wohl mein spektakulärstes Erleben mit Träumen.

Ein Traum verursachte als ich etwa 40 Jahre alt war, die Meinungsbildung meiner Geschwister und Eltern, dass ich geistesgestört sei, weil sie mit meiner Warnung nichts anfangen konnten und ich zu der Zeit in Kärnten lebte. Erst zehn Jahre danach, konnte ich ihnen aufzeigen, dass das zugetroffen ist, was mir der Traum damals zeigte.

Ich träumte, dass mein jüngerer Bruder am Dachboden unseres Elternhauses zwischen einem Stapel Holzbretter eingeklemmt war und ich konnte ihn nicht befreien. Ich wachte auf, war wie in Trance und hörte mich immer wiederholen: „Dem G. (mein jüngerer Bruder) können wir nicht helfen, aber der W. (mein älterer Bruder) kann gerettet werden, wenn ich ihn warne. Das muss ich tun, auch wenn es mir nicht angenehm ist." Daraufhin, ich wurde inzwischen immer wacher, rief ich meine Schwägerin, die Frau meines älteren Bruders an und erzählte ihr folgendes: „Ich hatte eben wieder einmal einen Wahrtraum. Der G. ist in Lebensgefahr, aber dem können wir nicht helfen. Der W. ist auch in Gefahr, aber nicht in Lebensgefahr und Du kannst ihm helfen, damit ihm nichts passiert." Es ist kein Wunder, dass sie dachte ich sei nicht ganz dicht und das dem Rest der Familie erzählte.

Einige Jahre nach diesem Traum erfuhren wir, dass die damals 35-jährige Frau meines jüngeren Bruders Krebs im letzten Stadium hat. Sie starb eineinhalb Jahre später. Meine Schwägerin war eine große Liebe meines Bruders. Die beiden Kinder litten selbstverständlich genauso, wenn nicht noch mehr darunter als mein Bruder, eben weil sie noch Kinder waren.

Meinem älteren Bruder stieß bald darauf ein Unglück zu, worüber ich aber hier nicht schreiben möchte. Aber ich bin überzeugt, seine Frau hätte dieses Unglück lindern können.

Ich habe immer noch „Wahrträume" und meine Angst, etwas falsch zu deuten, besteht nach wie vor.

Es ist noch gar nicht so lange her, da erlebte ich im Traum meine Geburt. Als ich vom Bauch meiner Mutter herauskam, fing ich an zu schreien. Mir war es hier unangenehm, aber im Traum konnte ich nicht ausdrücken weshalb. Erst als ich wach war und mich in den Traum versetzte, wusste ich was es war, was ich durch mein Schreien kundtun wollte. Mir war kalt! Ich musste lachen als ich das erkannte und es war mir auch klar, dass das stimmte. Kam ich doch von der Körperwärme von 36,8 Grad in eine Zimmertemperatur von höchsten 25 Grad. Was mir durch diesen Traum noch bewusst wurde ist, dass ein Baby, auch wenn es reden könnte, nicht fähig wäre zu erklären, wie dieses Unbehagen, das wir Kälte nennen heißt. Es kannte bisher diesen Zustand, oder dieses Gefühl nicht. Somit erfüllt das Neugeborene durch das Schreien zwei Faktoren. Der Winzling Mensch tut seinen Willen kund, nämlich: „Mir passt etwas nicht", muss aber schreien, damit die Luftröhre zum Atmen frei wird.

Einige Wochen danach träumte ich, dass ich schon gestorben sei. Meine jüngere Tochter war im Traum darüber sehr traurig. Ich hatte das Gefühl, dass ich nicht am Boden, sondern in einer Höhe von etwa drei Metern schwebte – nein, nicht schwebte, ich existierte unsichtbar. Meiner Tochter erklärte ich: „Ich kann Dir doch auch als Tote noch helfen. Du weißt doch, dass wir telepathisch kommunizieren können. Spürst Du nicht, dass ich Dir etwas mitzuteilen habe?" Auch dieser Traum zeigte mir, wie es im Leben und im Danach abläuft.

Nabucco

Zwei Nächte, bevor ich mir mit meiner jüngeren Tochter Nabucco angesehen habe, träumte ich, dass ich mit ihr, gewaschene Wäsche aufhänge. Als wir fertig waren, hängten wir noch einmal gewaschene Wäsche auf eine Leine. An und für sich könnte man sagen kein besonderer Traum - wenn man weder die Vorgeschichte kennt noch, was bei Nabucco mit mir geschehen ist.

Vorgeschichte:

Vor etwa vierzig Jahren sah ich Nabucco. Eine wunderbare Musik von Verdi. Aber ich war weder vom Thema beeindruckt noch vom berühmten Gefangenenchor. Kurz vorher habe ich mir Fidelio angesehen. Der Gefangenenchor berührte mich damals bei Fidelio viel tiefer als bei Nabucco. Den Gefangenenchor von Fidelio kennen allerdings nur wenige Leute. Fidelio ist die einzige Oper welche Beethoven geschrieben hat.

Vor der Vorstellung sprachen meine Tochter und ich über Nabucco. Ich konnte ihr einiges erklären, da ich ein zweieinhalbjähriges Bibelstudium hinter mir habe und mich sehr oft mit der Bibel (Altes + Neues Testament) auseinandersetze. Ich erzählte ihr auch, dass ich das erste Mal von Nabucco nicht so begeistert war wie einige meiner Bekannten. Und - dass mir der Gefangenenchor von Fidelio besser gefällt, erzählte ich ihr auch. Nach der Vorstellung meinte sie lachend: „Der Gefangenenchor von Fidelio gefällt dir besser, wie von Nabucco?"

Was während des Gefangenenchors geschah:

Ich hatte anfangs kein Problem damit - die Musik und die Sänger waren fantastisch. Doch plötzlich spürte ich das Gefühl: „TEURE HEIMAT..." und selbstverständlich flossen die Tränen. Ich war von mir selbst überrascht und fühlte in mich, welche Emotionen bei mir ausgelöst wurden. War es, weil ich als Friedensaktivistin verabscheue aus politischen Gründen Gefangene zu halten? Bei dieser Frage spürte ich keine Regung. „Weil ich mir von Herzen wünsche, dass es keine Gefangenen gibt"? Nein, das war es auch nicht. Plötzlich und unvorhergesehen erlebte ich die Gefühle, die ich seit vielen Jahren vergessen hatte.

Aus familiären Gründen lebte ich gezwungenermaßen einige Jahre in Salzburg und Kärnten. „TEURE HEIMAT ..." Als ich in Bad Gastein lebte, dachte ich einige Male: „Wenn ich die Eigentumswohnung in Wien nicht vermietet hätte, würde ich zu Fuß nach Wien zurückgehen." Das konnte ich aber nicht, denn meine Wohnung wurde von anderen Leuten bewohnt.

In Kärnten war es dann noch schlimmer, weil wir das Haus gekauft hatten, in dem wir lebten und ich dadurch das Gefühl hatte, nie mehr in meiner Heimat Niederösterreich/Wien leben zu können.

Als mir bei der Musik bewusstwurde, welche Gefühle diese Musik in mir auslösten, änderten sich meine Gefühle von Trauer in Dankbarkeit.

Dankbar, dass ich nicht mehr als eine Gefangene (ich wurde ja gezwungen von zu Hause wegzugehen) fern der Heimat war. Mir wurde bewusst: Ich bin wieder zu Hause und sehe mir mit leichtem Herzen, gemeinsam mit meiner Tochter Nabucco an.

Am Ende der Vorstellung wurde der Gefangenenchor wiederholt. Ich glaube, das brauchte ich auch, denn dadurch konnte ich wirklich die schmutzige Wäsche reinigen.

Im Traum hängten meine Tochter und ich gewaschene, das heißt gereinigte Wäsche auf. Wie ich oben beschrieben habe, kaum waren wir fertig, hängten wir wieder gewaschene Wäsche auf, genau wie beim Gefangenenchor, der zweimal gesungen wurde.

Pferdetraben

Ich wohnte schon über 25 Jahre in meiner jetzigen Wohnung. Zwei Jahre vor diesem Traum wurde das ganze Haus saniert und ich blieb als einzige Person in dem Haus wohnen, da ich fünfzehn Jahre vorher die Wohnung komplett saniert hatte. Während der Haus-Sanierungsarbeiten hatte ich dreimal, jedes Mal in der Nacht einen „Wassereinbruch". Dadurch fiel das Licht aus, in weiterer Folge das Telefon und ich war allein im ganzen Gebäude. Zum Glück hatte ich das Handy, um die Feuerwehr zu rufen. Damit die Wohnung nicht überschwemmt und die Fußböden kaputt wurden, habe ich nur dem Umstand zu verdanken, dass ich zu der Zeit täglich bis tief in die Nacht am PC geschrieben habe.

Nun zum Traum: Es war wieder Nacht. Ich habe gut geschlafen und träumte, dass ich in meinem Kabinett im Elternhaus schlafe. Mir war im Traum als hörte ich, von der Straße das Klappern von Pferdehufen. „Das hört nicht auf" dachte ich, immer noch im Schlaf. „Höre ich es, weil es in der Nacht ruhig ist, schon seit einigen Kilometern?" Dann stand auf einmal ein Mann vor mir. Er war sehr schön und wie ein Hüne gebaut. Er sprach kein Wort, sah mich nur an als würde er sagen wollen: „Na mach doch endlich etwas!" Da wurde mir blitzartig klar, noch immer im Traum, „Das kann kein Pferd sein, denn der Reiter steht hier." Plötzlich war ich hellwach und hörte wieder einmal Wasser tropfen. Es kam im Vorzimmer von der Decke und wie die anderen beiden Male, fiel das Licht aus. Dieses Mal war ich aber Gott sei Dank nicht mehr allein. Alle Wohnungen im Haus wurden inzwischen von neuen Eigentümern bewohnt. Ich lief zu den oberen Nachbarn, eine Männer-WG, deren Therme kaputt war. Einer der Männer half mir, die Kabel an der Decke zu trocknen und dann so zu verbiegen, dass das Wasser keinen Kurzschluss auslösen konnte.
Hätte ich nicht diesen Traum gehabt, wäre ich wahrscheinlich erst wachgeworden, wenn ich auf die Toilette gemusst hätte, da wäre aber wahrscheinlich die ganze Wohnung unter Wasser gestanden.

Ich bin der Meinung, der Mann im Traum war der „Spitzbart". Hätte er mich mit dem Aussehen, das er in meiner Kindheit hatte, gewarnt, wäre ich wahrscheinlich so erschrocken wie damals. Seit einigen Jahren, wenn ich das Gefühl habe er ist wieder hier, sage ich: „Ich weiß, dass Du mir nichts Böses tust und ich weiß inzwischen auch, dass es Gestalten gibt, die sich sichtbar machen können. Aber bitte lasse Dich nicht sehen, denn Du bist so hässlich und ungewohnt." Er hat sich das zu Herzen genommen, würde man bei einem Menschen sagen. Daher habe ich ihn dieses Mal nicht mit den Augen gesehen, sondern im Traum. Noch dazu als schönen Mann. Trotzdem möchte ich ihn nicht ansehen müssen, weil es unnatürlich ist. Er passt nicht in das Leben als Mensch.

Bedingungslose Liebe

Einige Wochen vor Weihnachten hatte ich einen Traum, in dem es um die bedingungslose Liebe ging als ich wach wurde, weil mir die Tränen über das Gesicht geronnen sind.

Bevor ich einschlief dachte ich, was ich wohl dieses Jahr zu Weihnachten zu sagen habe, nun wusste ich es. Für mich war bis zu diesem Traum, Weihnachten das Fest des Friedens. Der Traum hat mich darauf aufmerksam gemacht, dass Weihnachten das Fest und die Mahnung zur bedingungslosen Liebe ist. Warum?

Ein neugeborenes Kind ist bedingungslos auf die Liebe anderer Menschen angewiesen.

Vor ca. 2.000 Jahren lebte eine junge unverheiratete Frau (Jung-Frau), die aus bedingungsloser Liebe, JA zum Willen Gottes sagte. Ich bin überzeugt, dass es zur damaligen Zeit schwer war, ein uneheliches Kind zur Welt zu bringen. Genauso bin ich davon überzeugt, dass es damals auch die Möglichkeit einer zwar heimlichen, Abtreibung gab. Aber diese bewusste junge Frau bekam den Auftrag Gottes, Jesus zu gebären. Gott brauchte Jesus als Werkzeug zur Erlösung vieler Menschen, die ohne seine Lehren Gott nicht finden würden - ist nicht der richtige Ausdruck, weil wir Gott nicht finden müssen, er ist doch immer und überall da. Wahrnehmen, ist für mich der richtige Ausdruck.

Obwohl es für eine Frau knapp vor der Niederkunft nicht leicht war, kam sie mit Josef mit zur Volkszählung. Just da meldete das Kind seinen Anspruch zum Leben. Bedingungslos, ohne jeden Komfort kam es zur Welt.

Als Josef träumte, dass er sofort mit Maria und dem Kind flüchten sollte, war es auch die bedingungslose Liebe und das volle Vertrauen zu Gott, das doch ein Zeichen der Liebe ist, die ihn sofort danach handeln ließ. Er setzte Maria und das Jesuskind auf einen Esel und verschwand aus der Gegend. Im richtigen Moment, wie wir aus der Bibel wissen. Ich glaube diese Weihnachtswunder geschehen immer wieder und die bedingungslose Liebe wird noch immer von vielen Menschen praktiziert.

Als ich vor Jahren in Israel war, wollte ich mir etwas Besonderes mit nach Hause nehmen. Wir waren in einem Shop der Mengen an Krippen etc. verkaufte. Ich dachte erst, eine Krippe wäre das Richtige. Nachdem ich mir aber einige Jahre vorher eine geschnitzte aus Tirol mitgebracht habe, wollte ich das nicht. Ich ging durch den Laden, um zu fühlen, was mich anspricht.

Es war die heilige Familie mit dem Esel auf der Flucht. Bis jetzt war ich der Meinung, dass mich das Motiv, auf der Flucht zu sein, angesprochen hat. Da ich mich doch viel mit Flüchtlingen befasste und alles mir Mögliche daransetzte, um zu verhindern, dass Menschen flüchten müssen. Trotzdem fühle ich immer etwas anderes, wenn ich zu Hause die aus Holz geschnitzte Gruppe der Heiligen Familie betrachte.

Eine Zeit dachte ich, es wäre der Ausdruck der Zusammengehörigkeit. In schweren Zeiten füreinander da zu sein. Aber sind wir da nicht schon wieder bei der bedingungslosen Liebe? Besonders in schlechten Zeiten füreinander da zu sein, in guten Zeiten kann es doch jeder, dazu braucht es keine Liebe, schon gar nicht die bedingungslose.

Seit meinem Traum ist mir klar, dass mir diese Skulptur die bedingungslose Liebe vermittelt.
Aus eigener Erfahrung weiß ich, dass es nicht leicht ist, bedingungslos zu lieben, daher die Tränen im Schlaf. Bedingungslos lieben heißt: „Nicht fragen, ob mich diese Person auch liebt, sondern dazu zu stehen, dass ich diesen Menschen liebe ohne Wenn und Aber."

Es ist bereits ein alter Hut, dass in jedem Menschen egal ob Frau oder Mann, männliche und weibliche Anteile sind. Es ist nicht so, dass Männer nur männliche und Frauen nur weibliche Anteile haben. Das heißt, manche Männer sind fraulicher oder manche Frauen sind männlicher als der Durchschnitt des gleichen Geschlechts. Das gilt nicht nur für das Aussehen, sondern besonders für die Eigenschaften.

Es sind weniger die Frauen, die damit ein Problem haben. Bei den Männern ist es anders, obwohl es schon einige Hausmänner gibt, was auch ein Zeichen männlicher Weiblichkeit ist.

Ich finde es wunderbar, wenn ein Mann sensibel, spirituell, liebevoll und zärtlich ist, was ja im Grunde den Frauen zugeschrieben wird.

Früher war das anders. Die Buben mussten stark werden und sollten keine Gefühle zeigen, die Mädchen dagegen mussten den liebevollen Umgang lernen. Daher spielten z.B. Mädchen mit Puppen und Buben mit Autos.

Ich hatte mit meinem Bruder, der zwei Jahre jünger ist als ich immer Freude, wenn wir gemeinsam aus Kartons Puppenhäuser bastelten. Heute ist mir bewusst, dass wir da Gelegenheit hatten, Gefühle in beide Richtungen zu entwickeln. Er brauchte sich nicht zu schämen mit Puppen zu spielen und ich konnte mich wie die Buben handwerklich betätigen. Wir bauten Wasserleitung und Möbel mit Scharnieren in die Puppenhäuser ein. Dafür hatten wir Puppen in der passenden Größe, die wir dahin platzieren konnten, wo es meinem Bruder oder mir passte. Es war ein Spielen mit dem wenigsten Streit zwischen uns, wie ich mich erinnern kann.

Als ich erwachsen war, habe ich mir die ersten Küchenmöbel selbst „getischlert". Erleichternd dafür war, dass ich über zwei Jahre in einer Tischlerwerkstatt mitgearbeitet habe und dadurch diesbezügliche Kenntnisse erwerben konnte.

Fürst Albert von Monaco kommt mir sehr liebevoll und zärtlich vor. Doch auch seine Frau, die er eben geheiratet hat. Nicht wenn sie für ein Interview vor der Kamera stehen, sondern ich habe sie im Fernsehen einige Male beim Beginnen eines Tanzes gesehen. Die Gesten - und wie sie sich berührt haben - sensibel, hingebungsvoll und zärtlich. Den Eindruck hatte ich auch bei der Hochzeit, obwohl sich die Braut beim Gang zum Altar nur auf ihre lange, schwere Schleppe, sowie darauf konzentrierte, dass sie vorne nicht auf ihr Kleid tritt und stolpert. Wie sich die beiden aber anschließend mit Worten, Gesten und den Augen verständigten, war für mich fantastisch. Ich kann mir schon vorstellen, dass es eine Liebesheirat war.

Es wird so viel über das Weinen der Braut spekuliert und dass der Fürst Albert sieben uneheliche Kinder haben soll. Oder, dass er seine Frau während ihrer Verlobungszeit betrogen haben soll usw. Ich glaube, das ist alles „Unsinn". Ich bin der Meinung, wenn ein Albert von Monaco 7 Kinder gezeugt hätte, wäre das bis heute sicher nicht geheim geblieben. Außerdem wäre er in meinen Augen unverantwortlich oder ein Trottel, was man von ihm sicher nicht sagen kann.

Immer wieder wurde die Aufnahme gezeigt, wo er seine Braut in der Kapelle, die sie zu ehren von Gracia Patricia, die Mutter des Fürsten besuchten, beim Weinen ansieht, als würde sie ihn damit „nerven".
Ich glaube nicht, dass sie ihn damit genervt hat. Ich habe mitgekriegt, dass er sie etwas fragte und habe das Gefühl, er fragte, ob sie ein Taschentuch braucht. Daraufhin verneinte sie und zeigte ihr Taschentuch, das sie in der Hand hielt.

Seine Reaktion auf ihr Weinen war für mich richtig und gut. Was sollte er denn tun in dieser Situation? Er konnte sich nur so verhalten. Er konnte sie weder in die Arme nehmen, mit ihr weinen, oder irgendetwas anderes. Er konnte ihr nur mit Gelassenheit helfen, um die er meiner Meinung nach selbst gerungen hat, weil er gerührt war und den Tränen nahe. Ein Mann seines Ranges hat es gelernt, seine Gefühle zu beherrschen und im Griff zu haben. Und das ist es, was in seinem Gesicht stand. Manche legten es aus, als würde die Braut (inzwischen seine Frau) ihn nerven.

Einige Tage vorher hatte ich folgenden Traum. Der Mann, den ich von Herzen liebe, mit dem ich aber bisher keine enge Beziehung gelebt habe, weil er röm. kath. Priester ist, und ich haben beschlossen, der Öffentlichkeit zu sagen, dass wir nun unseren Lebensweg gemeinsam gehen wollen. Er wollte, dass bei dieser Gelegenheit „Großer Gott wir loben dich" gesungen wird. Ich war erst erschrocken und sagte zu ihm: „Das kannst du mir nicht antun, das halte ich ohne weinen nicht durch." Er aber reagierte genauso, wie Fürst Albert. Mit diesem Gesichtsausdruck und einem humorvollem: „Da musst du jetzt durch", das für mich geheißen hat: „Jetzt hast du dich für mich entschieden, dafür wollen wir Gott danken." Durch seine gelassene Art konnte ich es annehmen und die Angst war verflogen. So mein Traum - in Monaco glaube ich, lief es ähnlich ab.

Es kann selbstverständlich sein, dass ich anders denke, weil ich mit Monaco und der Fürstenfamilie besondere Erlebnisse und Wahrnehmung verbinde. In meiner Vitrine stehen Medaillen von Fürst Rainer und Gracia Patricia. Ich war mit meinen Kindern und meinem damaligen Ehemann, viele Jahre vor der kirchlichen Trauung von Fürst Albert in Monaco. Als ich bei der Wachablöse das Schloss betrachtete, fühlte ich mich in diese Familie hinein und spürte dabei unsagbare Trauer. Ich war darüber sehr erschrocken, dachte ich doch, sie seien eine glückliche Familie - damals. Ich ahnte nicht, dass einige Wochen später der Unfall auf der Straße sein wird, auf der wir auch gefahren sind. Und nicht weit weg vom Exotischen Garten, in dem wir einen Nachmittag verbrachten.

Wenn Babys träumen

Wenn Babys beim Schlafen lächeln, sagt man: „Sie spielen mit Engeln!" Ich denke der Spruch kam daher, weil man der Meinung war, dass Babys noch keine eigenen Erlebnisse haben können, von denen sie träumen könnten. Das könnte eventuell auf Neugeborene zutreffen. Als meine jüngere Tochter geboren wurde, hatte ich sie von der ersten Stunde ihrer Geburt an bei meinem Bett. Ich war damals erstaunt, weil sie da schon lächelte.

Bei der Geburt meiner älteren Tochter war es anders. Sie wurde, nachdem ich sie in diesem Leben begrüßt hatte, in das Babyzimmer gebracht und ich bekam sie nur „zum Stillen". Ihr Lächeln fiel mir erst zu Hause auf, aber da hatte sie sicher schon einige erfreuliche Erfahrungen gemacht, zum Beispiel „satt zu werden".

Kürzlich war meine Tochter Patin des ersten Kindes einer Freundin und hat seither öfter das Baby bei sich. Drei Monate ist dieser kleine Kerl und lacht sehr viel, auch beim Schlafen. Aber dieser lebhafte Junge ist so was von interessiert an seiner Umgebung und an den Bildern von Büchern, dass ich nur so staunte. Ich kann mir vorstellen, dass er schon einige freudige Träume hat, welche ihm ein Lächeln im Schlaf entlocken.

Ich möchte noch kurz auf die Haltung beim Wachwerden aufmerksam machen. Wachen Sie mit den Händen „zu Fäusten geballt" auf? Oder „beißen Sie die Zähne zusammen"? Liegen Sie gestreckt oder wie zu einem Embryo gerollt? Wachen Sie mit einer Panik auf oder mit einem Glücksgefühl? Beobachten Sie sich beim Aufwachen und Sie werden einiges über Ihren Gemütszustand erfahren.

Bei den Trauergesprächen wird mir oft erzählt, dass jemand kurz nach dem Tod vom Verstorbenen träumt. Ich glaube schon, dass das ein Abschiednehmen des Verstorbenen ist, wenn wir ihn anders nicht wahrnehmen. Durch den Schmerz ist man oft sehr verkrampft und der Geist des Verstorbenen kann nicht bei uns eindringen, um „lebe wohl" zu sagen. Daher tut er es im Schlaf, weil wir in dieser Zeit viel mehr wahrnehmen, bzw. uns besser öffnen.

In meiner Kindheit träumte ich sehr intensiv, so, dass ich im Schlaf Handlungen durchführte, von denen ich wahrscheinlich gerade träumte. Wenn mich mein Vater dabei hörte, kam er zu mir und fragte mich, was ich denn hier wolle, wodurch er mich aufgeweckt hat. Ich kann mich erinnern, dass ich einmal darüber nachdachte, was ich wollte, ich wusste es nicht. Aber ich wusste im Schlaf, dass ich Papa eine Antwort geben musste, weil er mich einige Tage vorher während des Tages darauf aufmerksam machte, dass ich ihm immer eine Antwort geben soll, damit er weiß, dass ich ihn gehört habe, daher sagte ich zu ihm: „Ich wollte mir Wasser holen".

Einmal wunderten sich alle in meiner Umgebung über den Geruch, den ich in den Haaren hatte, bis meine Mutter und meine Schwester merkten, dass ich mir im Schlaf das Fläschchen Parfum meiner Mutter auf den Kopf geleert hatte.

Ein anderes Mal: Ich war noch sehr klein, als ich auf ein „Waschstockerl" geklettert bin. Ich machte die Laden dieses Kästchens auf und benutzte sie wie Stufen. Oben angekommen, stellte ich mich auf die Zehenspitzen, um das Licht über dem Spiegel aufdrehen zu können. Dabei wurde ich von meinem Vater geweckt. Wahrscheinlich bekam es mein Vater mit der Angst zu tun, weil er nicht wusste, was mit mir los ist. Der befragte Arzt war der Meinung, dass ich übersensibel und übernervös sei und dass ich keinen Kaffee trinken darf, dabei war damals unser Kaffee ein Blümchenkaffee, an dem man eine Kaffeebohne vorbeitrug.

Ich war auch noch ein Kind, als ich wahrgenommen habe, dass ich etwas erlebte, wovon ich geträumt habe. Man könnte denken, das waren meine Aktivitäten, welche ich schlafend vollzog. Doch die „erfüllten Träume" setzten sich bis heute fort. Dabei drücken sie sich nicht immer „eins zu eins" aus, sondern mit Symbolen und symbolischen Handlungen oder Bildern.

Traum der Heiligen Drei Könige

Sie waren wahrscheinlich Astrologen, Gelehrte und weise Männer. Wenn sich jemand auf Grund eines anders aussehenden Sternes und zu damaligen Reisebedingungen, auf so eine Reise einlässt, muss er schon sehr demütig und weise sein.

Von den Dreien hatte jeder für sich beschlossen, auf Wanderschaft zu gehen und der Richtung des Sternes zu folgen. Sie hatten sich nicht vorher miteinander abgesprochen. Nicht telefoniert oder ein E-Mail geschickt. Sie haben sich auch nicht bei einer Bus- oder Bahnhaltestelle, oder am Flughafen verabredet. Sie haben sich auf die göttliche Führung eingelassen.

Als sie von Betlehem wieder nach Hause wollten, hatten sie einen Traum, der ihnen gebot, nicht mehr zu Herodes zu gehen, wie er es ihnen aufgetragen hatte, sondern einen anderen Weg zu nehmen. Nicht einer der Heiligen hatte den Traum, sondern alle drei. In Matthäus 2,12 steht: *„Weil ihnen aber im Traum geboten wurde, nicht zu Herodes zurückzukehren, zogen sie auf einem anderen Weg heim in ihr Land."*
Sie haben den Traum ernst genommen.

Ich wünsche ihnen für jedes neue Jahr alles Liebe und Gute und dass sie ihre Träume ernst nehmen, auch wenn es keine schönen Träume waren. Gehen sie dem nach, wie die Heiligen Drei Könige, dann können auch schlechte Träume Gutes bewirken.

„20-C-M-B-15"
Diese Zeichen sind nicht die Anfangsbuchstaben von Caspar, Melchior, und Baltasar, sondern sagen:
„Christus mansionem benedicat"
„Christus segne dieses Haus"

## NAHTOD - KURZTOD - TODESNAH
### Fastenzeit

Für mich hat die Fastenzeit viel Ähnlichkeit mit unserem Leben. In der Fastenzeit gehen wir auf den Tod zu, wir bereiten uns auf den Tod Jesu vor. In unserem Leben gehen wir auch auf den Tod zu - unserem eigenen Tod. Daher bin ich der Meinung, dass wir unser Leben möglichst so gestalten bzw. leben sollten, dass es uns im Jenseits zur ewigen Seligkeit verhilft.

Das kann man mit Jesus vergleichen, denn er lebte wie es die Evangelien sagen, wirklich zur Freude seines Vaters, der genauso auch unser Vater ist, bis zum Tode. Es wird uns gelehrt, Jesus ist vom Tode auferstanden und ich glaube, jeder Mensch tut das.

Jede falsche Handlung in unserem Leben, wird uns im Tode gezeigt. Ich möchte so wenig wie möglich bereuen müssen, daher bemühe ich mich, Gottes Willen wahrzunehmen. Das ist jedem Menschen möglich, wenn wir nur wachsam sind. Es ist uns nicht immer und andauernd möglich, weil wir eben Menschen sind und keine Geistwesen.

Leider haben viele Menschen die Wahrnehmungen verloren oder beachten sie nicht, durch:
1. die Inquisition,
2. die Industrialisierung,
3. das Auseinanderleben der Familien und
4. die vielen Unterhaltungsmöglichkeiten die uns zurzeit geboten werden.

Wir sind jetzt im Zeitalter des Wassermannes, da kommen die ursprünglichen Eigenschaften wieder hoch, wir müssen uns aber schon auch darum bemühen.

Einige Monate bevor Papst Benedikt abdankte, hatte ich folgendes Erlebnis.

Bei einer Systemaufstellung mit dem Thema: „Soll ich aus der Kirche austreten?" haben wir jemand für mich und jemand für Gott als Stellvertreter „hineingestellt" und dann testeten wir aus, ob wir „die Kirche" oder den „Papst" hineinstellen sollten. Es sollte der Papst sein.

Was sich in der Aufstellung darstellte, war das, was Papst Benedikt einige Wochen später bei seinem Rücktritt erklärt hat. Wenn es Sie interessiert, was sich für mich ergeben hat: „Ich soll nicht aus der Kirche austreten."

Der Grund der Aufstellung war nicht der Kirchenbeitrag, sondern meine Gedanken: „Kann ich das, was in der Kirche vor sich geht, als eine an Gott glaubende Frau noch mittragen? Kann ich zu dem, was die Kirche vorgibt, noch stehen?"

Manchmal denke ich als Friedensaktivistin gehöre ich keiner Partei an, da sollte ich vielleicht auch keiner bestimmten Religion angehören.

Ich wähle die Partei, die Politikerin oder den Politiker, welche sich am besten für Friede, Gerechtigkeit, Bewahrung der Schöpfung und der Menschenwürde einsetzt. Das heißt, wenn eine Partei oder deren vertretende Politiker, auch wenn sie mir (Partei oder Politiker bzw. Politikerin) noch so sympathisch sind, Frauen so diskriminieren würden, wie die Männer der röm. kath. Kirche es tun, würde ich diese Partei oder diesen Politiker sicher nicht wählen.

Durch die humanenergetischen Methoden und durch die Trauergespräche werde ich mit der Seele der Menschen, mit ihrem Unterbewusstsein und mit Gott immer wieder konfrontiert. Dabei nehme ich so vieles wahr, was sich die Männer in der Kirche nicht träumen, geschweige denn, darüber reden getrauen.

2004 sah ich im Vorbeigehen im Schaukasten unserer Pfarre ein Plakat, darauf stand: „Wenn sie Menschen helfen wollen, werden sie Trainer oder Priester." Ich war entsetzt, so sehr, dass ich jahrelang nicht mehr in diese Pfarre gegangen bin.

Dieser Satz war auch einer der Gründe dafür, dass ich damals energielos wurde. Wenn schon ein Mann so einen frauenmissachtenden Aufruf schreibt und es dann noch ein Mann als Priester veröffentlichen lässt, habe ich in dieser Pfarre nichts verloren. Ich habe und helfe so vielen Menschen, wahrscheinlich mehr als viele Priester es tun und bin kein Mann, sondern eine Frau. Wenn einer dieser beiden Priester, die mir ja persönlich bekannt waren, eine Frau an ihrer Seite hätten, würden sie wahrscheinlich die Frauen nicht so diskriminieren, wie diese beiden, im speziellen der, dessen Handschrift die Worte trugen. Damals wusste ich nicht, wer dafür verantwortlich war. Ich hörte es erst etwas später im Fernsehen und war dadurch entsetzt, enttäuscht und sehr tief verletzt!

Den Himmel erfahren

Ich glaube, als ich 1988 bei einem Unfall einen Herzstillstand hatte und fühlte, dass mein Körper tot ist, habe ich durch das Loslassen, den „Himmel" erfahren!
Wäre ich verkrampft geblieben, wie ich es zu dieser Zeit im Alltag war und hätte nicht loslassen können - ev. „Hölle"?

Allerdings habe ich schon seit dem Unglück meines Kletterpartners, das war einige Jahre vorher, mit dem Tod vor Augen gelebt. Dadurch war meine Lebensweise liebevoll und friedliebend. Ich habe vermieden andere Menschen zu verletzen.

Als mir bewusstwurde, dass ich keinen Körper spürte und irgendwo oben war, legte ich das Schicksal meiner Kinder in Gottes Hände mit den Gedanken:

„Gott - ich weiß, dass du keine Hände hast, ich kann aber nur in Bildern denken. Ich lege (ICH LASSE LOS) das Schicksal meiner Kinder in deine Hände. Bitte LASSE DU nicht zu, dass ihnen ein schweres Leid geschieht."

Mit Ge-LASSEN-heit dachte ich die Worte: „Nun hab` ich euch doch im Stich gelassen."
Ich hatte ihnen immer versprochen bis zur bitteren Neige bei ihnen zu sein und sie nicht im Stich zu LASSEN.

Den Tod überstanden

Bei dem Unfall 1988 hatte ich ein Todes- und ein Nahtoderlebnis. Das eine durch einen Herzstillstand und das andere beim Bewusstwerden, dass, nachdem ich ins Leben zurückgeworfen wurde, die Möglichkeit besteht, beim Umdrehen meines Körpers könnte ich tot bleiben.

Mein Herz hörte beim Unfall auf zu schlagen. Seither nehme ich weltweite Katastrophen wahr. Lange Zeit hatte ich darunter gelitten, bis mir meine ältere Tochter erklärte: „Mama, nicht du bist der Auslöser und bringst den Menschen Unglück, sondern du nimmst es vorher schon wahr. So, wie die Tiere, die vorm Waldbrand aus dem Wald flüchten." Sie hat mir damit mein Leben erleichtert. Ich fühle mich nicht mehr schuldig.

Nachdem ich bei dem Unfall wieder ins Leben eingetreten war, wollten mich Leute umdrehen, da ich auf dem Bauch lag. Vor Schmerzen konnte ich nicht reden und presste mühsam heraus: „Wartet bitte noch". Dann bereitete ich mich darauf vor, wenn mich die Leute umdrehen, dass ich dann endgültig tot bleiben würde. Erst wusste ich nicht, was ich zu tun habe, aber dann kam ein Satz, der lautete: „Alle die ich verletzt habe, verzeiht mir bitte."

Es war, als käme dieser Satz von außen und strömte durch den Scheitel in meinen Kopf. Ich musste ihn in Gedanken einige Male wiederholen, bis ich seine Bedeutung verstand. Dann dachte ich: „Ja, das will ich." Ich empfand eine enorme Erleichterung bei diesem Gedanken.

# WAHRE WERTE
## Reich beschenkt

Es liegt schon einige Jahre zurück, als ich ein wunderbares Erlebnis mit dem Unterschied der Werte hatte.

Begonnen hat es erstmals traurig, denn meine Schwester rief mich an, um mit mir zu streiten und mich zu beleidigen. Ich stieg ihr aber darauf nicht ein. In ihrem Frust wollte sie mir sagen, wie reich sie mir gegenüber ist und meinte, sie hätte Millionen (damals schon Euro) auf der Bank. Gelassen antwortete ich darauf, dass meine Werte wo anders liegen - ich meinte damit nicht die finanziellen Werte.

Einige Tage darauf fuhr ich, wie jedes Jahr mit den Buswallfahrern der Pfarre nach Maria Zell. Als wir etwa eine Stunde unterwegs waren, wurde, wie jedes Jahr, der Rosenkranz gebetet. Rosenkranzbeten ist nicht meines, aber ich lasse mich gerne vom Rosenkranz in die Meditation führen, so auch dieses Mal.

Dabei war ich dem, was ich Gott nenne, unsagbar dankbar. Meine beiden Töchter hatten mir am Vorabend eine herzliche Liebeserklärung und ein Kompliment gemacht. Im Beruf und in der ehrenamtlichen Tätigkeit hatte ich Erlebnisse, die für mich wie Wunder waren. Dafür war ich unbeschreiblich dankbar und glücklich, weil mich Gott so reich beschenkt.

Da fiel mir plötzlich die Aussage meiner Schwester ein, sie hätte die Millionen auf der Bank und ich dachte: „Gott, du beschenkst mich so reich, dass ich reicher bin als es viele Millionen Euro machen könnten."

Plötzlich blieb der Bus stehen und der Chauffeur stieg aus. Die Fahrgäste drängten sich auf der mir gegenüberliegenden Seite zu den Fenstern. Ich möchte nicht drängeln, daher wartete ich, bis der Chauffeur wieder einstieg und folgendes erzählte:

Zwei Gendarmerie-Beamte standen mit einem Autofahrer, der Strafe zahlen musste am Straßenrand. Der Luftzug eines vorbeifahrenden Autos riss dem Autofahrer das Geld aus der Hand. Das war aber nicht nur das Bußgeld oder Strafgeld, sondern es waren sehr viele große und kleine Scheine, die nun auf der Straße verstreut lagen.

Das passte doch wunderbar zu meinem Gebet oder Danksagung.

Mich ganz dem heiligen Willen hingeben

Es ist leicht gesagt oder geschrieben, werden Sie denken, wenn Sie aber meinen beiden Töchtern und mir zuhören würden, wenn etwas geschieht, was wir lieber anders hätten, würden Sie merken, dass es sich ganz gut nach dem Willen Gottes leben lässt.

Ein Beispiel:
Am 2. Jänner 1990 hat meine ältere Tochter auf ihren eigenen Wunsch bei mir zu arbeiten begonnen. Sie hatte Null Kenntnisse von Buchhaltung. Nachdem ich aber, als ich beim Steuerberater als Berufsanwärterin gearbeitet habe, junge Maturanten und Handelsschüler in die Buchhaltungsarbeiten einer Steuerkanzlei eingeführt habe, nahm ich mir vor, dass ich für meine Tochter noch mehr Geduld und Einfühlungsvermögen aufbringen werde. Ich dachte, sie wird einige Jahre bei mir bleiben und dann in einer größeren Firma als Buchhalterin arbeiten. Zu ihr sagte ich am ersten Tag wortwörtlich: „Du kennst mich und weißt, dass ich keine Hysterikerin bin. Wenn Du also merkst, dass ich nervös werde, dann mach mir einen Kaffee, oder erzähle mir einen Witz, oder denke Dir „Leck mich am Arsch". Ich weiß nicht was Du denkst, aber Du kannst mir damit wahrscheinlich Ruhe vermitteln, weil Du selbst dadurch ruhig bleibst." Ich weiß nicht, wie oft sie sich das gedacht hat, aber wir bekamen immer alles auf die Reihe, sonst hätte sie nicht 25 Jahre lang mit mir gearbeitet.

Einige Jahre nach ihrem Eintritt bei mir, verloren wir durch die Kämpfe in Jugoslawien einige Firmen auf einmal. Ich hatte sofort Existenzängste. Meine Tochter aber sagte: „Mama, habe keine Angst. Gott gab uns immer das, was für uns richtig war. Er ließ uns nicht reich werden, aber zu wenig war es auch nie." Wieder einige Jahre danach gründete ich mit ihr eine Kleingesellschaft, damit konnte ich ihr meine Wertschätzung zeigen. Als ich in Pension ging tauschten wir die Verantwortung und die Gewinnbeteiligung. Zwei Jahre später meldete sie das Gewerbe als Einzelfirma an. Unsere gemeinsame Gesellschaft wollte sie nicht gleich auflösen. Wir haben das gemeinsam im Jänner 2015 gemacht. Das heißt, wir haben von Jänner 1990 bis Jänner 2015 miteinander gearbeitet. Wir hatten eine wunderbare Zusammenarbeit, ich danke Gott, dass er uns immer wieder die richtigen Worte zur rechten Zeit gegeben hat.

GESUNDHEITSFÖRDERNDE
ALTERNATIVE METHODEN

In der Bibel wird von vielen Wunderheilungen erzählt. Ich erlebe sie fast täglich bei meiner Arbeit als Humanenergetikerin. In Österreich darf ich, da ich keine Ärztin bin, es nicht Heilung nennen. Ob ich es Wunder nennen darf?

Ich freue mich, dass die Art und Weise wie Jesus Heilungen herbeiführen konnte, in meinem beruflichen Repertoire enthalten sind. Oft kommt es mir vor, als würde ein Wunder geschehen. Ich begreife es nicht und kann es manchmal nicht glauben, dass es so etwas wunderbares gibt. Doch es passiert, ohne Anstrengung und ohne Überheblichkeit.

Da wir in Österreich als Energetiker es nicht Heilung nennen dürfen, nenne ich es Erfolg.

In Österreich sind wir auch keine Heiler, wie es in anderen Ländern genannt wird, sondern Energetiker.

Humanenergetische Methoden sind mit Energie und Ethik verbunden und unterliegen dem Ethischen Code.

Bei der WKO (Wirtschafts-Kammer-Österreich) habe ich eingebracht, dass die Leute fragen könnten: „Energetik? Hat das mit Strom zu tun? Wie funktioniert das? Muss man da zwei Finger in eine Steckdose stecken?" Weiters war ich der Meinung, man sollte wenigstens das Wort „Human" dazu nehmen. Da weiß jeder, es hat mit Menschen zu tun und nicht mit Stromenergie. So geschah es dann auch. Wir sind nun Humanenergetiker, Tierenergetiker, Lebensraum-Consulting, im Überbegriff Energetiker.

Humanenergetische Methoden sind lt. Gewerbeordnung „Hilfestellung einer körperlichen bzw. energetischen Ausgewogenheit (Energetik)." Sie regen die Selbstheilung des Klienten an. Sie sollen kein Grund sein, auf Arztbesuche zu verzichten. Im Gegenteil, ich empfehle erst alle Beschwerden ärztlich abzuklären und behandeln zu lassen. Ich rate auch niemandem, Medikamente ohne ärztliche Kontrolle abzusetzen und erstelle auch keine Diagnosen.

Humanenergetische Methoden sind kein „Firlefanz", sondern Methoden auf natürliche Weise.
Methoden, die uns zum Wohlergehen an Körper, Geist und Seele ins „Menschsein" mitgegeben wurden. Methoden, die es so lange gibt, wie es Menschen gibt. Medizin und Chemie - kamen erst viel später als Heilmethoden dazu.

## Esoterik und Energetik

*Die Grenze zwischen Esoterik und Energetik ist sicher nicht scharf zu ziehen. Beide Oberbegriffe stehen für die Arbeit am und für Menschen, für Lebensqualität, für Problemlösungen und dem Streben nach individuellem Glück.*

*Auf der esoterischen Seite dieses weiten Feldes steht der oft dunkle geheimnisvolle Glaube an die Macht der Mythen, des Alls und seiner Harmonie.*

*Auf der energetischen Seite das pragmatische Wissen um mentale Kräfte, um Energieströme und um das Machbare, das oft genug nicht erklärbar ist, aber trotzdem wirksam stattfindet.*

*Kommunikation ist eine Bringschuld. Wir können nicht erwarten, dass sich die Öffentlichkeit mit unserem Selbstbild auseinandersetzt und so sieht, wie wir es gerne hätten. Es ist unsere Aufgabe, unsere Informationen in kleinen, lernbaren Happen schmackhaft anzubieten und wir dürfen nicht erwarten, dass „die Öffentlichkeit" sich aktiv um unsere Information bemüht: Denn Lesen ist Arbeit und das gelebte Vorbild ist - wohl zusammen mit dem profunden Gespräch - ein entscheidender Informations- und Imageträger.*

*Deshalb ist es nicht unsere Aufgabe, das oft Unerklärliche mit vagen Andeutungen und Halbwissen „wissenschaftlich" zu interpretieren.*

*Wir können ruhig zugeben, dass wir oft selbst nicht wissen, wieso etwas funktioniert. Aber es ist so. Die Wirkung wird wahrgenommen, sie wird erlebt und hinterlässt oft ein großes Fragezeichen, getragen durch Erleichterung in den Augen unserer Klienten.*

*Wir Energetiker nützen die Energie des Geistes, der Seele und des Körpers und wir streben nach dem Wissen um das „Warum?"*

*Aber Holz schwimmt auf Wasser, auch wenn Archimedes nicht geboren worden wäre.*

*Carpe Diem!*
(„Genieße den Tag" oder wörtlich: „Pflücke den Tag")
*Berufsgruppenobmann Charly Lechner*

119

Nomen ist Omen

Bei einer zwei-jährigen theologischen Ausbildung, musste jedes Mal vor Beginn des Unterrichtes von einem Teilnehmer ein Impuls eingebracht werden. Mein erster Impuls war folgender:

Nachdem am ersten Nachmittag Dr. Christiane K. gemeint hatte, auch wenn wir nicht vorhaben eine Prüfung abzulegen, sollten wir es trotzdem tun, weil wir dadurch sehen können, was wir gelernt haben, empfand ich Empörung in meinem Inneren. Für mich ist Gott nicht erlernbar, sondern fühlbar. Ich fragte daher Gott, ob es wirklich das ist, was er von mir erwartet, nämlich an diesem Kurs teilzunehmen. Um nicht zu sehr abzuschweifen, möchte ich hier nicht über die Hintergründe erzählen, weshalb ich mich zu diesem Kurs angemeldet habe und nicht schon Jahre vorher. Meine Frage hatte ich noch gar nicht ausgedacht, als mir der Bogen mit den Terminen für die Impulse in die Hand gegeben wurde, in dem mir Gott die Antwort gab, und zwar so:

Bis zum heutigen Tag war jeder Tag vergeben. Der heutige Tag war frei, aber anschließend waren wieder drei Termine belegt. Heute ist der 18. Nov. und morgen feiern wir das Fest der Hl. Elisabeth. Damit war meine Frage beantwortet. Warum?

Vor ca. zwei Jahren dachte ich einmal darüber nach, wozu die Heiligen gut sind. Ich bin überzeugt, dass es Menschen gab, die Gott mehr oder besser dienlich waren als die sogenannten Heiligen, die aber nicht heiliggesprochen wurden. In der Meditation darüber kam mir eine Erfahrung aus meiner Kindheit, die ich längst vergessen hatte, in Erinnerung.

Ich wurde auf den Namen Ilse getauft, weil eine Freundin meiner Mutter meinte, für diesen Namen gibt es keinen „Schimpfnamen". Als ich einige Jahre alt war fragte ich meine Familie, warum ich keinen Namenstag habe und Geschenke bekomme, wie die anderen Geschwister oder Nachbarskinder. Mein Name steht nicht im Kalender. Meine Schwester, die sieben Jahre älter ist als ich und meine Mutter meinten, da mein zweiter Name Franziska ist, werden wir diesen Tag zu meinem Namenstag machen. Das passte mir gar nicht. Ich habe einige Jahre auf die Namenstags-Geschenke verzichtet, weil die Hl. Franziska für mich nicht relevant war. Dann erfuhr ich, Ilse ist die griechische Abkürzung für Elisabeth. Ja, die war es, die mir mein ganzes Leben lang als Vorbild dienen soll. Sie war es, mit der ich mich identifizieren konnte. Ich hatte plötzlich eine Persönlichkeit, denn ich war ihr so ähnlich. Sie ist mir bis heute ein Vorbild geblieben.

Ich wurde also nicht auf den Namen Ilse getauft, damit man mich nicht verspotten kann, sondern:
Gott hat mich beim Namen gerufen. Er hat mich gemeint als er rief:
„Ilse, Ilse! Leg deine Schuhe ab, denn der Ort wo du stehst, ist heiliger Boden."

Somit schließt sich der Kreis zum Impuls des ersten Tages, wo Frau Dr. Christiane K. gelesen hat, „Mose, Mose! Leg deine Schuhe ab, denn der Ort wo du stehst, ist heiliger Boden".

Ilse hilf heilen

Vor etwa zehn Jahren fuhr ich wie jedes Jahr seit ich nicht mehr zu Fuß mitgehe, mit der Pfarre im Bus nach Maria Zell. Am Mittwoch gingen die Fußwallfahrer hier weg und in Maria Zell treffen wir uns immer am Samstag zu einem gemeinsamen Gottesdienst. So weit, so gut.

Doch in den letzten Wochen vorher hatte ich sehr starke Schmerzen in beiden Becken- und Schulterbereichen. Erst zwei Tage vorher bekam ich aber Kortison und starke Schmerzmittel, daher konnte ich mitfahren, sonst wäre mir das wegen der Schmerzen nicht möglich gewesen.

Als ich vor der Abfahrt darüber nachdachte, welches Thema ich dieses Jahr nach Maria Zell bringen möchte, fiel mir meine derzeitige Tätigkeit als Humanenergetikerin ein. Zwar wusste ich, dass Gott mich dafür berufen hat, aber ich hatte das Gefühl, dass er mich für diese Tätigkeit noch nicht „ausgesendet" oder die „Weihe" erteilt hatte.

Im Bus bekamen wir die Begleithefte, welche auch die Fußwallfahrer bei sich haben, und da las ich, dass das diesjährige Thema „Heilung, neue Wege, Kraftquellen und Miteinander" war. Das war schon einmal der Beweis, dass ich das richtige Thema gewählt hatte. Während des Gottesdienstes dachte ich: „Es fehlt mir noch ein Zeichen, damit ich es annehmen kann, dass Gott mich ab heute auf den neuen Weg schickt und mir die Kraft dafür gibt, denn bis heute hatte ich sie nicht wirklich - die Kraft dazu." Ich habe zwar schon seit 2009 das Gewerbe als Energetikerin ausgeübt, aber so richtig fühlte es sich bei mir noch nicht an. Ich habe einige Male überlegt, ob ich wieder aufhören sollte zu arbeiten.

Zwischen unserer Ankunft in Maria Zell und dem Eintreffen der Fußwallfahrer saß ich in der Basilika. Das mache ich stundenlang, jedes Mal, wenn ich in Maria Zell bin. Ich hing dem Gedanken nach, was mich denn dabei so berührt. Es ist nicht der Gnadenaltar, ich bin Gott nicht näher als irgendwo anders oder zu einer anderen Zeit. Ich lebe mit Gott - immer und überall. Mir wurde wieder einmal bewusst, es sind die Menschen. Ihre Energie und Liebe. Jeder der hier her kommt, kommt nicht mit Hass oder Brutalität im Herzen. Nein, jeder

der hierherkommt, kommt mit Liebe im Herzen. Mit Hoffnung. Auch wenn jemand traurig ist oder verzweifelt, entmutigt, gekränkt usw. Es sind alles Gefühle, die von der Liebe geprägt sind. Großartig, was Glaube zustande bringt und was „Kirche" ermöglicht.

Bei der Predigt erzählte unser Pfarrer über eine Wahrnehmung von ihm, die er einige Jahre vorher hatte - sie war ähnlich wie meine in der Basilika.
Als Schlusslied haben wir: „Ein Zeichen unserer Hoffnung" gesungen. Es beginnt mit: „Ein Zeichen". Ich hatte es nun - das Zeichen.

Anschließend an den Gottesdienst trafen wir uns zum Essen. Ich hatte das Gefühl, dass ich vorher noch bei den „Ständen" vorbeigehen müsse, weil ich da etwas sehen würde, was ich als „Einweihungsdokument" mit nach Hause nehmen sollte. Ich war erstaunt, als ich wirklich ein zutreffendes Bild hängen sah. Ich fragte die Verkäuferin, ob dieses Bild für einen bestimmten Zweck gedacht sei. Die Antwort kam von einem Mann unserer Pfarre, der plötzlich hinter mir stand. Er sagte: „Da kann man Jedlicka hineinschreiben." „Richtig" antwortete ich, „da kann man was hineinschreiben, was ich auch tun werde. Aber nicht Jedlicka, da gehört was anderes hinein."

Zu Hause wurde mir die volle Bedeutung dieses Bildes bewusst. Ein Kind liegt in einem Bett. Da wusste ich auch, was da hineingehört. „Ilse hilf heilen". Es ist ein Auftrag, es ist die Sendung. Es bin nicht ich die heilt. Heilen kann nur Gott mit dem betroffenen Menschen gemeinsam. Ich kann nur als Werkzeug Gottes helfen. Vor jeder Sitzung oder Ablöse bzw. Balance bete ich ein stilles Gebet und bitte Gott um seine Führung, Begleitung und Erfolg (Heilung darf ich es als Humanenergetikerin nicht nennen. Das Wort Heilung ist den Ärzten vorbehalte, obwohl sie auch nicht heilen, sondern der Patient heilt bzw. Gott ev. mit Hilfe eines Medikaments.)

## WEITER ENTWICKELTE KINESIOLOGIE

Ich löse am liebsten, Blockaden im Unterbewusstsein mit Hilfe einer weiterentwickelten Kinesiologie ab. Man könnte auch sagen, ich löse sie auf. Diese Technik ist nachhaltig und umweltschonend, da man dafür weder Pflanzen für Medikamente noch Chemie oder Strom benötigt.

Bei dieser Arbeit erleben die Klienten und ich oft Wunder. Wunder deshalb, weil ich nicht erklären kann, weshalb ein wunderbarer Erfolg eintritt.

Selbstverständlich kann ich hier nicht alle diese großen und kleinen „Wunder" beschreiben, sie würden das Buch füllen. Doch einige beschreibe ich doch.

Immer noch Tante Ilse

Vor Jahren waren Freunde aus Kärnten, mit denen ich seit über dreißig Jahren Kontakt habe, bei mir auf Steppbesuch. Sie haben mir unter anderem erzählt, dass das achtjährige Enkelkind schwere Probleme in der Schule hat und das nicht nur beim Lernen. Ich hatte damals gerade den Lehrblock von Three in One: „Mit Muskeltest Blockaden herausfinden und mit Korrekturen lösen." hinter mir, in dem wir „Lernblockaden" zu lösen lernten. Deshalb bot ich mich an, bei der Kleinen damit zu üben. Wir vereinbarten, dass meine Freundin, ihre Tochter und das Enkelkind zwei Wochen später (in den Energieferien) auf einige Tage zu mir kommen würden, was sie auch gemacht haben.

Am ersten Abend funktionierte es nicht. Ich nahm an, dass das Kind von der Fahrt übermüdet war und die Muskeln deshalb schlapp waren. In der Nacht setzte ein Brech-Durchfall bei ihr ein. Den Virus hatte sie wahrscheinlich von ihrem Bruder und anderen Angehörigen, die teilweise im Villacher Krankenhaus damit lagen, abgekriegt. Also war mit Blockaden ablösen nicht zu rechnen. An dem Tag, als es ihr wieder gut ging, sprach sie wohl an, aber da ihr egal war ob sie gut oder schlecht in der Schule ist, fragte ich sie, ob sie nicht etwas hätte, was sie nicht möchte. Sie hatte „Angst vor Einbrechern." Wir konnten diese Blockade ablösen, die Angst ist bis heute wie weggeblasen. Das war nun einmal ein Erfolg für sie und sie erlebte, wie leicht die Ablösen zustande kommen.

Dann hatte ich eine Idee. Als wir nämlich aus einer Apotheke ein Medikament gegen den Virus geholt haben, erzählte mir die Mutter der Kleinen, dass ihr das Kind alle Kraft raubt und sie selbst merkt, wie ihr die Kleine immer fremder wird.

Bei den Sitzungen bin ich auch mit einem Kind allein. Es darf durch die anwesenden Eltern nicht gehemmt werden. Die Eltern verstehen das und sind meist auch darüber erleichtert. Sie warten aber in einem anderen Raum.

Bei der nächsten Sitzung sagte ich zur Kleinen: „Deine Mutter hat mir erzählt, dass ihr beide seit einiger Zeit nicht mehr liebevoll miteinander umgehen könnt. Möchtest du, dass ihr das wieder könnt?" Im selben Moment sprach ihr Muskel an, dass es besser nicht gehen könnte. Also lösten wir die Blockade mit der entsprechenden Korrektur ab. Das Kind ging anschließend aus dem Arbeitszimmer in den Nebenraum, sah ihre Mutter an, begann zu strahlen, flog auf sie zu, umarmte sie und sagte: „Mami, ich hab` dich lieb!"

An diesem Tag mussten meine drei Freundinnen, Mutter, Tochter und Enkelkind wieder nach Hause fahren. Um auch die Lernblockaden und einige der vielen Probleme, die es in der befreundeten Großfamilie (Eltern, vier Kinder, Schwiegerkinder und neun Enkel), gab, lösen zu können, vereinbarten wir, ich komme nach Kärnten. Ich wohnte bei dem Mädchen, ihrem zwölfjährigen Bruder und ihrer Mutter. Sie können mir glauben, ich hatte sehr viel Gelegenheit zu üben.

Das Mädchen und ihr Bruder kamen täglich einige Male, weil ihnen wieder ein „Problem" eingefallen war. Der Mutter half ich, ihr Selbstwertgefühl zu stärken. Dabei habe ich wahre Wunder erlebt. Der Bub, der wegen Übersiedlung, neuer Schule und wahrscheinlich Pubertät, in letzter Zeit nur Vierer und Fünfer nach Hause brachte, hatte nun gute Noten. Einmal war er sogar der Beste in der Klasse. Dabei dachte ich zuerst, dies sei, weil ich mit ihm lernte, und zwar ruhig und gelassen und ihm dabei Wertschätzung entgegenbrachte, was ich besonders bei Kindern für wichtig halte. Beim Mädchen war es ähnlich. Zu den Wochenenden durfte das Mädchen bei mir schlafen, was sie auch machte als sie mit ihrer Mutter und ihrer Oma in Wien war, daher hatte ich auch einen Tag nach ihrer Abfahrt von Wien Brech-Durchfall.

Zehn Tage lang war ich bei ihnen in Kärnten, der letzte Tag war der Palmsonntag.
Bei der Palmenweihe wurde mir bewusst, wie sehr mir die Herzen meiner Freunde und deren Freunde entgegengeflogen

sind. Es ist schon so bei der Liebe, je mehr du gibst, desto mehr hast du. Ein Beispiel:

Am Abend vor meiner Rückfahrt war ich noch einmal im „Stammhaus" meiner Freunde. In der Woche davor hatte ich Gelegenheit alle Kinder außer einem Sohn des Elternpaares zu begegnen, es waren wundervolle Begegnungen und Erinnerungsaustausch, weil ich die Kinder jahrelang nicht gesehen hatte.

Zur Verabschiedung kam auch der letzte Sohn dazu. Er ist inzwischen etwa fünfunddreißig Jahre alt geworden. Wir hatten uns zwölf oder dreizehn Jahre vorher das letzte Mal gesehen. Damals brachte ich ihn zwei Mal zum Arzt, weil er sich einen rostigen Nagel in den Fuß eingetreten hatte.

Als er zur „Verabschiedung" kam, sah er erst vorsichtig um die Ecke, dann kam er strahlend auf mich zu und wir umarmten uns herzlich. Er erzählte mir, dass er seit einigen Jahren an tiefen Depressionen leide, worauf ich ihm antwortete, „Ich glaube, ich kann dir helfen, um da herauszukommen. In einigen Wochen komme ich wieder, weil einige Leute auf mich warten, da melde ich mich bei dir und wir setzen uns damit auseinander." Er sah mich an, nahm mich in die Arme und sagte: „Du bist noch immer die Tante Ilse." Ein schöneres Kompliment hätte er mir nicht machen können.

Da blieb kein Stein auf dem anderen

Der Partner von einer meiner Töchter beendete vor einigen Jahren plötzlich die Beziehung. Meine Tochter hat darunter sehr gelitten. Ich bot ihr meine Hilfe an, sollte sie mich „zum Ausreden" brauchen. Nachdem wieder ein Ausbildungsblock zum Integralen Coach stattfand, an dem ich teilnahm, vereinbarten wir, dass sie mir ein SMS senden sollte, wenn sie mich braucht. Während einer Pause am Abend des letzten Tages kam tatsächlich ein SMS von ihr mit der Frage, ob ich zu ihr kommen könnte. Ich rief sie gleich an und spürte, dass sie am Ende ihrer Kräfte war. Ich drückte mein Handy einer Kollegin mit der Bitte sie möchte mit meiner Tochter reden damit ich schnell noch auf die Toilette gehen konnte, in die Hand. Die andere Kollegin rief mir von ihrem eigenen Handy ein Taxi. Die ganze Zeit bis ich vor der Haustüre meiner Tochter stand, hörte ich nicht auf mit ihr zu reden, weil ich das Gefühl hatte, es könnte etwas Schreckliches passieren. Ich schlief in dieser Nacht bei ihr und schaffte es, dass sie sich wieder beruhigen konnte. Später erklärte sie mir, dass es gut war, immer mit ihr zu reden bis ich bei ihr war. Sie wüsste nicht, ob sie nicht einen „Blödsinn" gemacht hätte. Einige Tage später führte ihr Partner wieder eine Versöhnung herbei und meine Tochter hat sich darauf eingelassen. Nach einigen Monaten wiederholte sich die Trennung. Sie rief mich bitterlich weinend an und meinte: „Mama kannst Du mir mit einer Blockadenablöse helfen, das ist ja kindisch, wie ich mich aufführe." Ich antwortete ihr, dass das nicht kindisch, sondern menschlich wäre, sie solle zu mir kommen, dann werden wir erfahren was dahintersteckt.

Das Ursachenalter war in ihrem 14. Lebensjahr. Eines der wenigen Fälle seither, in dem das „Ursachenalter" nicht vorm eigenen Leben war. Sie war in den Ferien und an manchen Wochenenden in Niederösterreich bei meinen Eltern und hatte daher viele Freunde in dem Ort. Auch aus den Nachbarorten kamen oft Burschen in das Jugendheim in meinem Heimatort. Eines Abends kam ein junger Mann aus einem Nachbarort und brachte jedem der Anwesenden die Sachen, die er sich ausgeborgt hatte, zurück. Niemand dachte sich da etwas dabei.

Der junge Mann verabschiedete sich, fuhr in seinem Heimatort in die Au und machte dort „Harakiri".

Als wir das Alter ausgetestet hatten, erzählte mir meine Tochter was damals geschehen ist. Ich kannte die Geschichte, da sie mir nach dem Unglück davon erzählt hatte. Nun aber erklärte sie: „Mama, damals blieb bei mir kein Stein auf dem anderen."

Das nächste Alter war mit 16.

Damals waren wieder Ferien und sie war bei meinen Eltern. Vorher aber erklärte sie mir: „Mama, ich muss auf die beiden Z.-Brüder achten, die sind aufeinander eifersüchtig." Der jüngere der beiden Brüder war für meine Tochter die sogenannte erste Liebe. Der ältere der beiden, war aber auch in meine Tochter sehr verliebt. Meine Tochter sprach und plauderte oft mit ihm, um ihn zu trösten. Als beide am Abend des Feuerwehrheurigen miteinander sprachen, war er schon sehr betrunken. Er verabschiedete sich von meiner Tochter und ging nach Hause. Leider nicht zum Schlafen. Er nahm das Gewehr seines Vaters, der Jäger war aus dem Gewehrschrank und erschoss sich. Vorher hatte er meiner Tochter noch sein Tagebuch gewidmet. Meine Tochter war traurig und entsetzt, deshalb verboten ihr meine Eltern am Begräbnis teilzunehmen. Ich beruhigte sie, da es für mich selbstverständlich war, dass sie den Wunsch hatte beim Begräbnis dabei zu sein. Ich wollte veranlassen, dass sie halt eben nicht bei den Großeltern (meinen Eltern) schläft, sondern entweder ich rufe Bekannte aus dem Ort an bei denen sie schlafen könnte, oder ich hole sie nach dem Begräbnis nach Wien. Mein Vater willigte daher ein, dass meine Tochter diesen Jungen bis zum Grab begleitete.

Diese Ablöse hat bei meiner Tochter wundersames bewirkt. Vorher hatte sie im Unterbewusstsein das Gefühl, die Trennung von einem männlichen Menschen bedeutet – Tod. Seither geht sie ganz anders mit Männern - Freunden oder Beziehungen um.

Kind eines afrikanischen Flüchtlings

Vor einigen Jahren hatte ich wunderbare Nachbarn. Die Frau kam aus dem Waldviertel in Niederösterreich und der Mann aus Afrika. Sie hatten ein Baby, das einige Monate alt war. Ich wusste von der Vergangenheit meiner neuen Nachbarn nichts. Die Frau und ich plauderten zwar manchmal miteinander, wenn sie sich z.b. etwas von mir ausborgte, oder wenn sie mir Mehlspeisen von ihrer Mutter mitbrachte.

Mir fiel auf, dass das Baby, ein Mädchen, nicht wie ein Baby weint, sondern schreit als wäre sie „außer sich". Freud hätte es hysterisch genannt. Monatelang unternahm ich nichts, doch mir wurde mehr und mehr bewusst, dass hinter dem panischen Weinen etwas Bedrohliches steckte. Daher sprach ich die Frau darauf an. Nachdem ich als kostenlose Nachbarschaftshilfe bei der Kleinen schon eine Allergie gegen Äpfel abgelöst hatte, kannte die Nachbarin meine Arbeit. Bei der Allergieablöse hatte die Kleine aber geschlafen und nichts mitbekommen. Die Mutter stand als Vertreterin der Tochter, was eine sehr gute Lösung für Kleinkinder, demente oder invalide Menschen ist. Ich bot der Mutter an, auch eine Ablöse wegen des ungewöhnlichen Weinens zu machen.

Ich durfte wieder mit der Mutter als Stellvertreterin für die Kleine, die Ablöse vornehmen. Wir setzten das Kind auf den Fußboden und ich dachte, sie wird mit den Spielsachen hantieren. Dem war aber nicht so. Sie wollte unbedingt auf den Arm der Mutter genommen werden. Wir wussten uns nicht mehr anders zu helfen, als dass wir die Kleine auf den Arm nahmen und mit dem zweiten Arm austesteten. Das Mädchen wollte immer die Brust der Mutter frei machen, obwohl sie nicht mehr von der Mutterbrust trank, da sie inzwischen etwa drei Jahre alt war. Die Mutter erzählte mir, dass sie, ohne dass die Kleine ganz in ihrer Nähe ist, nichts tun kann. „Ich muss demnächst wieder zur Arbeit, da sollte die … in den Kindergarten, aber sie wird mir dort nicht allein bleiben." meinte die Nachbarin. Wir brauchten vier Sitzungen. Bei der Ersten mussten wir das Mädchen noch auf den Arm nehmen.

130

Bei der zweiten kam sie einige Male und wollte der Mutter ganz nahe sein. Bei der dritten und vierten Sitzung verhielt sie sich, wie sich eben ein Kleinkind verhält. Von da an, weinte sie auch wie ein Kleinkind eben weint.

Als die Nachbarin am ersten Tag vom Kindergarten kam, erzählte sie mir freudig: „Stellen sie sich vor, ich kenne meine Tochter nicht mehr. Ich durfte zwei Stunden bei ihr bleiben und erwartete, dass sie wie üblich nicht ohne mich im Kindergarten bleiben würde. Sie hat aber ganz anders reagiert, so, dass ich nochmals zurückgegangen bin, weil ich dachte, das kann nicht stimmen. Meine Tochter spielte mit den anderen Kindern und als ich zu ihr sagte, dass ich jetzt gehe und sie später abhole, antwortete sie mir ganz gelassen und sagte mir auf Wiedersehen."

Bei der Ablöse stellten sich auch die Ursachen des panischen Weinens von der Kleinen heraus. Der Vater des Kindes hatte als Junge gesehen, wie seine Eltern und sein Bruder von Soldaten ermordet wurden. Nachdem er aber nicht gesehen wurde, konnte er flüchten. Bei der Flucht nach Österreich waren einige Menschen in einem Container zusammengepfercht, wodurch welche starben. Als er einige Jahre in Wien lebte, lernte er seine Frau kennen und sie verliebten sich ineinander. Bald nachdem sie geheiratet hatten, wurde die Frau schwanger. (Sie wohnten damals noch nicht hier.) Ein Bekannter des Mannes ersuchte beide eines Tages, dass er bei ihnen einige Nächte, bis er eine neue Wohnung gefunden hätte, schlafen durfte. Das gestatteten ihm meine Nachbarn. Doch schon am nächsten Abend kam die Polizei in ihre Wohnung und verhafteten meinen Nachbarn und seine hochschwangere Frau mit der Begründung, sie seien Dealer. Es wurde in der Wohnung Rauschgift gefunden, doch die beiden hatten davon nichts gewusst. Nun muss man sich die Gedanken und Gefühle der schwangeren Frau vorstellen. Sie hat befürchtet, ihr Baby im Gefängnis auf die Welt bringen zu müssen, erzählte sie mir. Gott sei Dank stellte sich ihre Unschuld bald heraus und beide durften nach einigen Tagen wieder nach Hause.

Die Panik bei den Morden und die schlimmen Erlebnisse während der Flucht lösten beim Vater der Kleinen energetische Blockaden aus.

Dann waren aber auch noch von der Mutterseite die Blockaden durch die Verhaftung und die Ängste während der Inhaftierung.

Die energetischen Blockaden vom Vater wurden mit den Genen an die Tochter weitergegeben.
Von der Mutter übernahm sie die Blockaden im Mutterleib. Sie war im Bauch der Mutter in deren Energie eingebunden.
Das waren die Gründe für das hysterische Weinen der Kleinen und die Erklärung ihres Verhaltens, vor und während der Ablösen.

Gott wahrnehmen können

Ich war zu Silvester bei einem befreundeten Ehepaar, das bei mir um die Ecke wohnt, zum Abendessen eingeladen. Da der Vater meiner Freundin vor etwa einem Jahr verstorben war, holte sie ihre 85jährige Mutter, die im südlichen Niederösterreich wohnt, dieses Jahr zu Silvester zu ihr und ihrem Mann nach Wien.

Ich freute mich endlich die Mutter meiner Freundin, von der ich schon so vieles erfahren habe, auch persönlich kennenzulernen. Wir hatten ein gutes Gespräch während des Essens und ich spürte das Zutrauen der Mutter. Nach den Erzählungen meiner Freundin, war ihre Mutter eine sehr distanzierte und gefühlskalte Frau. Nach dem Abendessen gingen wir Frauen in meine Wohnung. Der Mann meiner Freundin blieb mit dem Hund zu Hause, damit sich der Hund durch den Lärm der Böller nicht bedroht fühlte. Von meiner Wohnung kann man sehr gut die Feuerwerke von 4 Etagen sehen. Das heißt: vom Park vorm Haus, von der Lorettowiese, vom Entlastungsgerinne und vom Leopolds- und Kahlenberg.

Meine Freundin ist Zeugin Jehovas und macht nach einer Unterbrechung von einigen Jahren wieder Predigtdienst. Als sie mir erzählte, sie hätte Hemmungen dabei, machte ich mit ihr eine Blockadenablöse. Als Unterstützungsaufgabe bekam sie die Aufforderung, mit mir Bibelgespräche zu führen.

Als wir nun am Silvesterabend in meiner Wohnung ankamen, fragte ich meine Freundin, ob wir in der Bibel lesen wollen. Ihre Mutter fragte ich, ob ihr das recht wäre, denn von meiner Freundin wusste ich, dass ihre Mutter überhaupt nicht gläubig war - dass es bei ihr keinen Gott gab. Ich kann gar nicht mehr sagen, wie es begonnen hat, dass ich mich mit der Mutter meiner Freundin über Gott unterhielt. Ich führte mit ihr ein Gespräch, wie ich es mit vielen Trauernden seit über fünfundzwanzig Jahre mache, bei denen es auch Gott nicht gegeben hat, bevor sie zu mir kamen. Nach einiger Zeit erklärte sie, dass sie schon Gott wahrnehmen möchte, aber nicht kann. Ich spürte auch, woran das lag und bot ihr eine

133

Blockadenablöse als Freundschaftsdienst an. Am Neujahrstag hatten wir am Morgen die erste Sitzung und am Abend die zweite, dann brachte meine Freundin ihre Mutter wieder nach Hause. Drei Tage später holte sie ihre Mutter aus Niederösterreich nach Wien, damit wir die dritte die zugleich die letzte Sitzung war, durchführen konnten.

Zwei Tage nach Silvester meinte meine Freundin: "Ilse, ich habe nur so gestaunt, wie du mit meiner Mutter ein Glaubensgespräch geführt hast." Dazu möchte ich das Phänomen mit dem „Propheten in den eigenen Reihen" anführen. Mit meiner Freundin hätte ihre Mutter wahrscheinlich wie so oft, nicht über Gott gesprochen.

Nachdem ich in diesem Buch auch über meine erlebten Wunder durch Blockadenablöse erzählen will, möchte ich über das Wunder mit dieser wunderbaren und sehr intelligenten 85 Jahre alten Frau erzählen.

Vor Beginn der Ablöse erzählte sie mir aus ihrem Leben. Ich hörte ihr zu und fühlte mich in sie hinein. Das Thema lautete: „Gott wahrnehmen können".
Bei der ersten Blockade, die vor Generationen entstanden ist, geschah bei der Ablöse nichts Besonderes.

Bei der zweiten Blockade, die im 7. Lebensjahr entstanden ist, wurde ein Text zur Ablöse ausgetestet. Als sie den Text laut las, dachte ich: „Das ist die Erklärung für das, was ich am Silvesterabend fühlte." Im gleichen Moment sagte die Frau: „Da haben wir es schon!" Tränen flossen ihr über das Gesicht. Als sie sich für die Tränen entschuldigen wollte, forderte ich sie auf, sie fließen zu lassen und hielt ihr die Box mit den Papiertüchern entgegen. Es waren die Tränen, die sie 80 Jahre lang zurückgehalten hatte. Damals dachte sie, Gott hätte sie verlassen. Sie erkannte mit einem Mal, dass in ihrer schwersten Zeit nur eine Spur in ihrer Kindheit zu sehen war, wo vorher und nachher zwei Spuren verliefen. In dieser schweren Zeit wurde sie von Gott getragen, sonst hätte sie wahrscheinlich nicht durchhalten können. Sie wusste jetzt, dass es ein

Geschenk Gottes war, dass sie, als sie erwachsen war noch sehr viel Schönes erfahren durfte.

Am Ende der 1. Sitzung war sie schon sehr erleichtert. Beim Gespräch vor der Ablöse, legte sie immer ihre Hände auf die Brust und sagte: „Ich spüre hier nichts." Nach der letzten Sitzung konnte sie es nicht fassen, welch wunderbare Gefühle sie in ihrer Brust verspürte.

## Angst vorm Tod

Ich staunte sehr, als mich einmal jemand anrief und fragte, ob er mit seiner Mutter zu mir kommen darf, damit ich die Blockaden im Unterbewusstsein seiner Mutter ablöse, die Angst vorm Tod bei ihr verursachen. Bei der Ablöse fragte ich wie bei jedem vorgegebenem Thema, ob Blockaden dahinterstehen und ob wir sie ablösen dürfen. Wir durften. Die Dame war eine noch rüstige Frau und sie hatte Freude bei dieser Ablöse, weil sie dadurch erfahren hat, woher diese Todesangst bei ihr herrührte. Nach der Ablöse war ihre Angst vorm Tod verschwunden.

Seit mir das von diesem Anrufer bewusst gemacht wurde, habe ich schon bei einigen Leuten die Angst vorm Tod abgelöst. Des Öfteren, wenn jemand selbst nicht kommen kann, weil er ans Bett „gebunden" ist, steht ein Angehöriger oder Begleiter als Stellvertreter. Es funktioniert genauso, als würde die betreffende Person dastehen. Sie muss nur vorher gefragt werden, ob sie das möchte. Wenn sie selbst nicht fähig ist, ihren Wunsch zu äußern, teste ich aus, ob ich eine Blockadenablöse mit dem Stellvertreter durchführen darf.

Solche Blockaden entstehen genauso, wie andere Blockaden im Unterbewusstsein entstehen. Diese Angst ist meistens schon Generationen vorher entstanden und wird mit den Genen weitervererbt. Im eigenen Leben gab es dann Situationen, welche diese Angst noch verstärkt haben.

Mein Vater sollte einmal operiert werden, doch da sein Blutdruck zu hoch war, musste die Operation verschoben werden. Als ich das hörte, dachte ich, das ist die Angst vorm Sterben. Er sagte öfter ängstlich: „Zündet ja keine Kerzen an, bevor ich tot bin." Ich fragte ihn, weshalb er das nicht wollte. Er erzählte, wie sehr er darunter gelitten hat, dass die „Ortsschwester", die vorm Tod seiner Mutter geholt wurde, Kerzen am Nachttisch stellte und anzündete. Seine Mutter ist aber erst Tage danach gestorben. Dieses Erlebnis hatte in seinem Unterbewusstsein Blockaden ausgelöst, welche bei ihm die Angst vorm Tod ausgelöst hat.

Hätte ich damals die Methode der Blockadenablöse schon gekannt, hätte ich ihm die Angst nehmen können.

Eifersüchtig auf Begleiterin

Bei einer Frau, die ich über fünfundzwanzig Jahre lang kenne, haben wir die Blockaden welche Depressionen verursacht haben, abgelöst. Sie war vorher schon bei Ärzten und Psychotherapeuten. Auch eine Operation wurde durchgeführt, doch die Depressionen waren immer noch fast unerträglich für sie. Etwa zwei Wochen nach der Ablöse bat sie mich um eine kostenlose Nacharbeit. Bevor sie kam, nahm ich wahr, woran es lag, dass der Erfolg nicht eingetreten ist. Die Depressionen wurden zwar leichter, aber sie waren immer noch belastend.

Als sie dann hier war lief die Sitzung folgendermaßen ab. Erst fragte ich das Unterbewusstsein, ob die Blockaden abgelöst sind, da hieß es Ja. Wir testeten also, ob das was ich fühle der Grund ist, da hieß es auch Ja. Dann fragte ich, ob ich mit ihr darüber sprechen soll bzw. ob es zu ihrem höchsten Wohl ist, wenn wir einen Text austesten, der ihr sagt, worum es geht. Ich sollte mit ihr darüber reden.

Wir beide sind im selben Jahr geboren, wir beide Frauen sind Wassermänner. Seit wir uns kennen haben wir gemeinsam Ausflüge gemacht und uns über unsere Anliegen ausgetauscht. Als sie vor etwa fünfundzwanzig Jahren ihren um fünfzehn Jahre jüngeren Mann kennen und lieben lernte, wollte sie öfter mit ihm Schluss machen. Immer wieder hatte sie wegen irgendwelcher Eigenschaften von ihm die Ängste, dass es der Altersunterschied sein könnte und dass das nicht gutgehen kann. Jedes Mal konnte ich ihr ihre Zweifel nehmen und inzwischen leben die beiden glücklich und zufrieden miteinander. Kürzlich sagte der Partner meiner Bekannten wieder zu mir, dass seine Frau das wertvollste in seinem Leben ist. Für mich hat sie seither wenig Zeit, was mir nichts ausmacht, mir ist es wichtig, dass die zwei harmonisch miteinander wohnen können. Das musste ich jetzt erklären, damit sie verstehen, weshalb ich so mit ihr gesprochen habe.

Ich fragte: „Kannst du dir vorstellen, dass du auf mich eifersüchtig bist?" Das konnte sie nicht. Daraufhin erklärte ich ihr: „Du hast keinen Grund auf mich eifersüchtig zu sein, denn:

Du hast einen Mann und ich nicht, du bist schlank und ich nicht, du hast ein Auto und ich nicht (zu der Zeit hatte ich wegen der Augen kein Auto). Ich bin auch überzeugt, dass du höhere Einnahmen hast wie ich. Also, es gibt keinen Grund auf mich eifersüchtig zu sein." Daraufhin war sie einige Minuten still, dann sagte sie erleichtert: „Jetzt weiß ich, warum ich meine Schwägerin nicht mag. Sie vertritt bei meinem Mann die Mutterstelle, aber deswegen nimmt sie mir doch nichts weg."
Ihre Schwägerin war wesentlich älter als der Mann meiner Bekannten, daher konnte sie für ihren Bruder die Fürsorge übernehmen. Er war erst vierzehn Jahre alt, als die Mutter der beiden starb.

## Ritzen

Bei Wikipedia habe ich heute nachgelesen, Borderline sei eine psychische Krankheit, eine Persönlichkeitsstörung. Ritzen würde demnach auch dazu gehören. Ich habe aber andere Erfahrungen gemacht.

Viele Jugendliche leiden unter den familiären Umständen, bzw. unter Beziehungsstress so sehr, dass sie den seelischen Schmerz mit einem physischen Schmerz überdecken wollen, indem sie sich z.B. Ritzen.

Vor Jahren stand eines Abends die Tochter einer guten Bekannten aus Kärnten an meiner Tür und bat mich, ihr zu helfen. Ich hatte das Mädchen einige Jahre nicht gesehen. Sie hat mich manchmal aus Kärnten angerufen, um sich ihr Herz bei mir auszuschütten oder fragte mich um Rat. An diesem Abend kam sie mit dem Zug, ohne sich vorher bei mir anzumelden. Als sie nun erzählte, was sie belastete, sah ich Wunden und Narben an ihren Unterarmen.

Als sie mit ihren Erzählungen fertig war, befragte ich sie wegen ihrem „Ritzen" wie sie es nannte und ich inzwischen diesen Ausdruck öfter gehört habe.

Es stellte sich beim Austesten heraus, dass Blockaden dahinterstehen und wir lösten diese ab. Als sie mich einige Zeit später anrief, um mir zu erzählen, wie angenehm es für sie sei, dass sie nicht mehr ritzte und mit ihren Herzensangelegenheiten viel besser umgehen kann, war ich erleichtert und freute mich, da sie mir sehr nahestand.

## Höhen- Tiefenangst

Eine Frau mit etwa sechzig Jahren hatte keine Höhenangst, sondern sie nannte es Tiefenangst. Sie erzählte sie könne nicht auf Glas gehen, auch wenn es sehr dick ist. Brücken und schmale Wege machten ihr Angst.

Zu meiner Arbeit gehört dazu, dass ich mich vor jeder Sitzung etwa eine halbe Stunde zur „Wahrnehmung" öffne. Nach der Sitzung auch etwa eine halbe Stunde zur „Reflexion". Ich gehe in Gedanken nochmals die Sitzung durch. Was wurde nicht ausgesprochen, was sollte bedacht werden? Ich hole das im Geiste nach, so als würde ich zusätzlich eine sogenannte „Fernheilung" durchführen. Oder ich schreibe auf, was bei der nächsten Sitzung besprochen werden soll.

Bei dieser Frau nahm ich wahr, dass diese Angst mit Wasser zu tun hat. Ich fragte sie also bei ihrem Besuch, ob sie jemals mit Wasser eine angstvolle Erfahrung gemacht hat. Daraufhin erzählte sie mir folgendes:
Sie wohnte in der Nähe der „Ache". Neben der Ache verlief ein schmaler Weg. Als Kind spielte sie mit anderen Kindern am Ufer des Flusses, obwohl es die Eltern verboten haben. Sie erklärten ihr, wenn sie in den Fluss fällt, wird sie ertrinken.

Wir testeten aus, dass sie 3 Sitzungen brauchte, das ergibt 6 Blockaden. Bei der Ablöse der Blockaden stellte sich heraus, dass ihre Mutter damit schon Probleme hatte denn die Ursachenalter von 3 Blockaden waren jeweils: Zeugung, Schwangerschaft und Geburt.
Die jeweiligen Alter des Echos: 2., 3. und 7. Lebensjahr meiner Klientin.

Nach der ersten Sitzung erklärte sie, sie fühlt sich super, die Sonne scheint und genauso fühle ich mich.

Nach der zweiten Sitzung meinte sie: Ich bin nachdenklich, weil ich das Erlebnis Ache nicht mehr herumtragen muss.
Nach der dritten Sitzung antwortete sie mir auf die Frage wie sie sich fühlt: „Sicher!"

Kürzlich sah ich sie wieder und sie bedankte sich bei mir, weil sie sich inzwischen über Brücken und auf schmalen Wegen sicher fühlt.

## Liebeskummer
Übergroße bzw. schmerzhafte Sehnsucht erzeugt Stress, daher habe ich bei einigen Klienten diese Sehnsucht abgelöst.

Manche kamen zu mir mit der Meinung sie hätten Depressionen, doch die vom Arzt verschriebenen Medikamente helfen nicht, erklärte jeder von ihnen. Beim Test stellte sich aber heraus, dass sie Liebeskummer hatten.

Wenn jemand lange Zeit unter Liebeskummer leidet, kann das schon Depressionen auslösen. Auch Ängste, die ja bei den Klienten tatsächlich vorhanden waren, können durch Liebeskummer ausgelöst werden.

Liebeskummer ist Kummer wie jeder andere und kostet sehr viel Kraft. Daher kann er bis zum Burnout führen.

Bin ich Mädchen oder Bub? Frau oder Mann? Ich war mit der Straßenbahn auf dem Weg zu jemanden, dem ich einige Falter mit dem Titel: „Verwirrt was nun?" mitbringen wollte. Unbewusst hielt ich einen Falter obenauf, den ich einige Tage vorher entworfen habe. Der Titel: BIN ICH MÄDCHEN ODER BUB? FRAU ODER MANN? Neben mich setzte sich eine Frau, die mich nach einiger Zeit fragte: „Haben sie mehr von diesen Faltern, das ist nämlich mein Thema." Wir unterhielten uns, bis ich aussteigen musste, über dieses Thema. Sie erzählte mir ihre Geschichte und wir vereinbarten einen Termin zur Ablöse.

HOMOSEXUALITÄT IST KEINE KRANKHEIT
SONDERN WURDE DURCH ENERGETISCHE BLOCKADEN AUSGELÖST
Ich las folgenden Artikel:
„Die katholischen Bischöfe und die beim Synodalen Weg vertretenen Laien fordern eine Neubewertung von Homosexualität in der katholischen Kirche. Die Kirche müsse bekennen, dass sie homosexuellen Menschen durch ihre Lehre und in der Praxis Leid zugefügt habe. Außerdem dürfe keiner Person mehr die Übernahme kirchlicher Ämter oder der Empfang der Priesterweihe wegen ihrer Homosexualität verwehrt werden." Weiter heißt es in dem Papier: "Homosexualität ist keine Krankheit."

Ich finde, homo- oder transsexuellen Menschen muss man, wie allen Menschen, wertschätzend begegnen. SIE HABEN SICH DIESE NEIGUNG NICHT AUSGESUCHT, ABER SIE IST AUCH NICHT VON GOTT/NATUR GEGEBEN.
Durch meine Arbeit als Humanenergetikerin bin ich zu der Erkenntnis gelangt, und mache immer wieder die Erfahrung, dass Homo- und Transsexualität durch energetische Blockaden in vorherigen Generationen ausgelöst bzw. entstanden sind.
Diese Blockaden wurden, wie alle anderen Blockaden, mit den Genen weitergegeben. Sie kamen nicht bei jeder Generation, auch nicht bei jedem Nachkommen, da noch andere Eigenschaften mitwirken, an die Oberfläche. Wenn doch,

142

wurde es geheim gehalten. Jetzt, im Alter des Wassermannes/Freigeist, wird die Homosexualität von vielen Menschen öffentlich gelebt.
Diese energetischen Blockaden können aber in der Gegenwart abgelöst werden.

Lt. Bibel wurden als erste Menschen Adam und Eva erschaffen – kein Adam und Adam oder Eva und Eva. Nein, zwei NICHT gleichgeschlechtliche Menschen.
Wir wurden als Mann und Frau mit den uns zugeteilten Aufgaben geschaffen. Die Männer zeugen die Kinder und die Frauen gebären die Kinder. An den Geschlechtsmerkmalen kann man ersehen, wie zwei Menschen sexuell „zusammenpassen/gehören"

In den vielen Jahren seither, ist bei manchen Menschen etwas geschehen, wodurch Blockaden entstanden sind. Ich glaube, es waren die Kriege – nicht nur die Weltkriege, schon die Kriege im Mittelalter und noch länger zurück, die verursachten, dass sich manche Menschen sexuell oder emotional zum gleichen Geschlecht hingezogen fühlen. Den Männern wurden in Kriegsgebieten oft Frauen zugeführt, damit sie Sex mit ihnen haben konnten. Auch „Brom" wurde den Soldaten ausgegeben, das den sexuellen Drang minderte. Doch ich kann mir vorstellen, dass manche Männer mit Kameraden sexuelle Handlungen durchführten. Diese waren aber unnatürlich, dadurch sind energetische Blockaden entstanden.
Ebenso war es wahrscheinlich bei den Frauen, die ohne Männer zurückblieben.

Demnach ist meine Meinung als Christin, dass statt des Pflicht-Zölibates, eine Pflicht-Blockadenablöse eingeführt werden sollte.

Sehr gut würde ich es finden, wenn die Kinder in der Sexuallehre in den Schulen diesbezüglich aufgeklärt werden würden.

Ein anderer Artikel, aus dem ich folgende 2 Sätze wiedergebe: „Im Februar 2021 verbot der Vatikan jede kirchliche Segnung homosexueller Paare sowie jeden der Ehe zwischen Mann und Frau vergleichbaren Ritus. "Gott segnet die Sünde nicht", erklärte die Kongregation für die Glaubenslehre damals in einem Dokument."

Ich will auch nicht, dass Homosexualität in der Kirche gefördert wird. Trotzdem möchte ich aufklären, dass viele homosexuelle Menschen es nicht als Sünde sehen und der Ansicht sind, diese Neigung sei von Gott gegeben. Das kommt wahrscheinlich daher, dass niemand weiß, wie Homosexualität entsteht.

Da ich durch meine Arbeit als Humanenergetikerin die Einsicht und Erfahrung gemacht habe, dass Homosexualität durch energetische Blockaden, welche in Generationen vorher entstanden sind, ausgelöst werden, weiß ich, dass diese Blockaden/Homosexualität aber in der Gegenwart rückwirkend abgelöst werden können. Das zeigt mir, dass Homosexualität nicht von Gott gegeben ist.

Homosexuelle Menschen, welche eine „Liebesbeziehung" führen, tun mir leid, denn „wahre" Liebe kommt wohl von Gott.

Daher finde ich es für wichtig, dass Kinder und Erwachsene die Möglichkeit haben, solche Blockaden abzulösen, bevor sie sich „verlieben".

## Übelkeit und Schwindel

Ich habe so viele Interessen und arbeite auch sehr gerne. Deshalb überschreite ich öfter meine physischen Grenzen. Vielleicht auch die psychischen, auf jeden Fall die energetischen.

Vor einigen Jahren spürte ich eine enorme Energieschwäche, dachte aber, dass ich bis zu diesem Monatsende noch durchhalten muss, dann habe ich weniger Aufgaben. Es kam aber anders. Eines Nachts hatte ich eine Schwindel Attacke. Es war nicht die erste, diese war nicht so schlimm, denn bei der ersten kam ich vom Boden gar nicht hoch. Da mir aber die Ärzte bei der ersten trotz zweieinhalbwöchigem Krankenhausaufenthalt nicht helfen konnten, rief ich keinen Arzt. Ich sagte alle Termine ab und hütete das Bett, denn was anderes konnte ich nicht machen. Schlimmer als der Schwindel war die Übelkeit. Ich konnte nicht essen und nicht trinken. Nur für die Einnahme der Blutdruck und Diabetes Medikamente aß ich ein oder zwei Bissen. Einen Bissen schaffte ich, den zweiten spukte ich meistens aus, weil ich ihn nicht schlucken konnte. Nach zwei Wochen hatte ich keinen Stuhl und keinen Urin mehr. Auch der Magen meldetet sich schmerzhaft. Ich bekam Angst um die Nieren und dem Magen. Man möchte es nicht für möglich halten, auch ich komme nicht immer auf die Idee, dass Blockaden dahinterstecken könnten. Aber in der Not testete ich mit den Fingern aus, ob Blockaden die Ursache wären. Es kam ein Ja. Ich setzte mich in mein Arbeitszimmer und machte Blockadenablösen. Das funktioniert bei mir selbst, wenn ich das Ego ausschalte. Ich brauchte 6 Sitzungen. Nachdem ich aber so geschwächt war, konnte ich nur 2 Sitzungen durchführen, das sind ja vier Blockaden. Anschließend ging ich wieder ins Bett und schlief ca. zwei Stunden. Als ich aufwachte konnte ich anstandslos zu Abend essen. Am nächsten Vormittag war ich kräftiger und konnte die restlichen 4 Sitzungen (acht Blockaden) machen. Auch danach schlief ich wieder und konnte nach dem Aufwachen mit Genuss zu Mittag essen und vor allem – die Übelkeit war verflogen – als hätte ich sie nie gehabt.

Nachher habe ich erfahren, dass es ein Herzinfarkt war.

Wie auch wir vergeben
unseren Schuldigern

Nachdem ich 1987 durch meinen geschiedenen Mann einen finanziellen Schaden von drei Millionen Schilling erlitten habe, beruflich wieder bei null anfangen musste und so weiter und so fort, durfte ich vor knappen zehn Jahren folgendes wunderbare Erlebnis erfahren. Vorher muss ich erklären, dass die spätere Frau meines Mannes bereit war, auf ihr geerbtes Einfamilienhaus ein Darlehen aufzunehmen und die verbleibenden Schulden, die er verursacht hatte, für die ich aber bürgte, zu bezahlen. Mein geschiedener Mann wollte das aber nicht. Um keine Schande auf mich zu laden, habe ich diese, als ich mich finanziell erholt hatte, abbezahlt.

Nun zum wunderbaren Erlebnis. Bei Blockadenablösen mit einer weiterentwickelten Kinesiologie wurde bei mir ein Thema abgelöst, an das ich mich heute gar nicht mehr erinnern kann. Ich hatte eine Unterstützungsaufgabe und musste sie einige Tage laut sagen. Sie war an Gott gerichtet und lautete: „Bitte hilf mir, Heinz (so heißt mein geschiedener Mann) zu verstehen und zu verzeihen, was er den Kindern und mir angetan hat." Am letzten Tag, an dem ich diese Affirmation sagen musste, dachte ich: „Verzeihen kann ich ihm vielleicht, aber verstehen werde ich ihn nie."

Dann fuhr ich mit der Frauenwallfahrt der Pfarre nach Maria Laach beim Jauerling. Das liegt in der Nähe der Wachau und auf dem Marienbild in der Kirche hat Maria sechs Finger. Ich war vorher schon einige Male dort, doch dieses Mal hatte ich ein eigenartiges Gefühl, als wir mit dem Bus dort ankamen. Ich konnte dieses Gefühl nicht erklären, doch heute ist es mir klar. Mit dem Pfarrer unserer Pfarrgemeinde, der uns Frauen begleitete, hielten wir eine Andacht. Als wir das Vater unser beteten, geschah folgendes: Bei vergib uns unsere Schuld war noch alles normal, aber bei: „wie auch wir vergeben unseren Schuldigern" schüttelte es mich am ganzen Körper. Mir war klar, Gott will mir etwas sagen. Ich erklärte ihm gedanklich, dass er warten muss, bis die Leute aus der Kirche gegangen sind. Dann setzte ich mich in eine Ecke, schlug den

146

Jackenkragen hoch damit niemand meine Gefühle sehen konnte und fragte: „Was willst Du mir sagen?" Telepathisch bekam ich eine Gegenfrage: „Wenn Du nicht einen so großen finanziellen Schaden gehabt hättest, hättest du dann deinen Kindern auch so viel Liebe entgegengebracht?" Da wusste ich sofort, nein, denn da hätte ich ihnen wahrscheinlich öfter Geld gegeben, um sich etwas Schönes kaufen zu können.

Dann kam: „Wenn du auf jemand zornig bist, dann nicht auf Heinz, sondern auf mich, denn ich wollte das so." Da musste ich länger nachdenken. Der Gedankengang war folgender: „Wie kann ich auf Gott zornig sein? Er hat doch alle Rechte?" Weiter: „Er wollte das so? Weshalb wollte Gott mir dieses schlimme Leid auferlegen?" Plötzlich war mir auch das klar. Heinz war immer schon geizig. Das heißt, er wollte die Schulden nicht bezahlen, weil er stattdessen ein angenehmes Leben führen wollte. Diese Eigenschaft wurde ihm in die Wiege gelegt, wie es im Volksmund heißt. Also ist nicht er verantwortlich, sondern Gott.

In diesem Moment konnte ich ihn verstehen und ihm vergeben. Damals wusste ich noch nicht, dass der Geiz, obwohl er ihm in die Wiege gelegt wurde, also mit den Genen von den Vorfahren übertragen war, sowie viele Eigenschaften und Angewohnheiten ablösbar sind. Es hätte mir auch nicht geholfen, denn diese Eigenschaft müsste er bei sich ablösen.
Ich erkannte nun, dass ich mit meinem Zorn an Heinz auch meine Tochter **verstrickte**. Daher trennte ich den **Strick** gedanklich zwischen Heinz und mir und verbrannte ihn in einem imaginären Lagerfeuer. Nun fühlte ich mich befreit.

Großartig war mein Telefonat mit meiner Tochter am nächsten Tag. Ich erzählte ihr mein Erlebnis, worauf sie antwortete, „Mama, gestern fragte mich meine Arbeitskollegin, wie es mir mit meinem Vater ginge, da ich auch ein Scheidungskind bin. Ich antwortete ihr, dass ich ihn nicht sehen will, es mir aber sehr gut ohne ihn geht. Ich würde mir nur wünschen, dass es meiner Mutter auch so ginge."

Geldfluss – Finanzproblem – Erfolg im Beruf
Es gibt Menschen oder Zeiten, bei denen der Einnahmenfluss
nicht richtig funktioniert. Auch wenn man versucht es zu
ändern, die Einnahmen kommen nicht zum entsprechenden
Fließen. Man sucht eine Ursache und findet sie sehr oft nicht.

Es gibt verschiedene Ursachen, die Finanzprobleme auslösen
oder den beruflichen Erfolg hemmen und somit den Geldfluss
zum Stocken bringen. Diese Ursachen entstehen meistens
durch Blockaden. Einige möchte ich anführen:

- o  Fehlendes           Einfühlungsvermögen           und
     Beobachtungsgabe.
- o  Ehrliche Kommunikation.
- o  Keine oder zu wenig Wertschätzung der eigenen
     Arbeit.
- o  Der innere Antreiber, viel zu leisten.
- o  Gier, Begehren, Mangelgefühle.
- o  Märtyrertum oder/bzw. Selbstsabotage.
- o  Überheblichkeit.

**Fehlendes Einfühlungsvermögen**
Ein Beispiel, wenn ich eine Verkäuferin wäre:
Ein Kunde kommt in das Geschäft und sieht sich suchend um.
Wenn ich kein oder zu wenig Einfühlungsvermögen habe,
werde ich nicht merken, wofür er sich interessiert. Ich werde
ihm wahrscheinlich einen Artikel anbieten, den er gar nicht
braucht, und, er wird enttäuscht, ohne etwas zu kaufen wieder
gehen.
Bin ich eine einfühlsame Verkäuferin mit einer guten
Beobachtungsgabe, werde ich ihm diese Artikel, welche den
Kunden interessieren anbieten, und, er wird sie kaufen. Ich
habe    gesehen    und    gefühlt,    welche    Artikel    seine
Aufmerksamkeit erregten.

**Ehrliche Kommunikation**
Bleiben wir bei der Verkäuferin: Beziehung zwischen Käufer
und Verkäuferin.

148

Wenn eine Verkäuferin keine Freude an der Arbeit, am Dienen - Kunden bedienen, hat, darf sie das nicht zeigen und spielt eine Höflichkeit vor. Ein Kunde spürt das und wird bei dieser Verkäuferin nur selten etwas kaufen. Sie sollte sich eine Arbeit suchen, die ihr Freude macht.

Ist eine Verkäuferin mit Freude und Begeisterung bei ihrer Arbeit, werden die Kunden gerne und oft bei ihr einkaufen. Übrigens im Wort „Begeisterung" steckt der „Geist".

Aus Three in One:
*Direkte, ehrliche Kommunikation bedeutet Stärke. Alles was weniger ist, bringt mögliches Misstrauen, Erniedrigung und Niederlage. Es erniedrigt dich und die andere Person. Wenn du eine Beziehung möchtest, dann sei ehrlich und authentisch in deiner Kommunikation.*

Der innere Antreiber, viel zu leisten.

Ein Klient wünschte sich von mir, seinen „inneren Antreiber", wie er es nannte, abzulösen. Dieser innere Antreiber, ließ ihn ruhelos und immer in Tätigkeit sein. Dadurch war er aber auch immer in Spannung, anstatt mit seinen Klienten gelöst verhandeln zu können.

Gier, Begehren, Mangelgefühle.

Alle diese drei Eigenschaften sind der Anlass mehr als man schafft, leisten zu wollen. Sie sind durch Blockaden schon Generationen vorm eigenen Leben entstanden. Durch das Verhalten von Eltern oder Großeltern im eigenen Leben manifestierten sie sich.

Märtyrertum oder/bzw. Selbstsabotage.

Märtyrer entsagen, sie sabotieren ihr von Gott gewolltes Leben. Man könnte auch sagen ihre Natur als Mensch.

Überheblichkeit

Ein Steuerberater wunderte sich, dass Verträge mit Klienten nicht zustande kamen. Er erzählte, dass er mit großen Firmen wunderbare Vorgespräche führte, doch sie unterschrieben dann keinen Klienten-Vertrag bei ihm. „Das sind alles so „eingebildete Schnösel" und glauben, was sie nicht alles sind, dass sie das mit mir machen können." Beim Ablösen stellte sich heraus, dass er sich auf „die gleiche Stufe" wie sie stellen wollte und sich daher genauso benahm wie die „eingebildeten Schnösel".

Aber genau das war der Grund, weshalb kein Vertrag zustande kam. Diese Schnösel fühlten sich doch dann nicht mehr überlegen. Er diente nicht mehr, da er sich genauso überheblich gab bzw. verhielt.

Es dauerte nicht lange, da rief er mich an und bedankte sich für die Ablöse.

Vom hasserfüllten SS-Mann zum Soldaten Jesu

Ein 46jähriger Mann kam zu mir und antwortete auf meine Frage, weshalb er mich aufsuchte, „Ich will den Hass in mir ablösen." Seine Eltern, vor allem die Mutter, hatten ihn so lieblos behandelt, dass er, als er sechzehn Jahre alt war, nicht mehr leben wollte. Um seinem Leben ein Ende zu setzen hatte er nicht den Mut, daher beschloss er, sich einige schlechte Eigenschaften zuzulegen, um das Leben bewältigen zu können. Er beschäftigte sich wie besessen mit seinen SS-Vorfahren. Ich denke, wir wissen alle, welche Eigenschaften die SS hatte. Er sah sich als SS-Kämpfer auf einem steinernen Podest.

Um von den Eigenschaften, die seine Beziehung zu seiner Partnerin, mit der er zwei Kinder hatte, zerstörten, loszukommen, wollte er mit dem Ablösen seiner Hassgefühle anfangen.

Es war kein leichtes Arbeiten mit ihm, aber trotzdem wunderbar.

Er ist ein großartiger Mann, denn sonst hätte er nicht so viele Themen abgelöst. Mehr und mehr kamen seine wirklichen Eigenschaften zu tage. Wie eine Lotosblüte, hat er ein Blatt nach dem anderen geöffnet. Eines Tages erzählte er mir, dass er auf der Autobahn eine Gottesbegegnung hatte. Ein anderes Mal erklärte er mir: „Ilse, Du hast dort das Poster hängen, mit einem Schwert. Ich sah mich vor einigen Tagen mit dem Schwert vor Jesus knien, Ich bin nun ein Soldat Jesu geworden."

Das schönste Erlebnis durch ihn hatte ich nach einer Nacharbeit. Er war mit einigen Ablösen nicht zufrieden, daher nahm ich ein Thema nach dem anderen mit ihm durch. Da stellte sich bei manchen bei denen er eine Unterstützungsaufgabe zu erfüllen hatte, heraus, dass er darauf teilweise oder ganz vergessen hatte. Er fragte mich, ob er alle unterlassenen Unterstützungsaufgaben mit einer Fußwallfahrt nach Mariazell ausgleichen kann. Ich testete es aus und war überrascht – es kam ein Ja.

Zum nächsten Termin kam er mir, ich warte immer an der Tür, ganz müde entgegen. Ich fragte ihn, ob es ist, weil er zur letzten Ablöse kommt, oder ob er nicht geschlafen hätte. Er antwortete, er käme von der Fußwallfahrt aus Mariazell zurück. Er war tatsächlich zu Fuß nach Mariazell gegangen. Dann sagte er: „Ilse, Du hast recht, ich habe in Maria Zell die weibliche Liebe Gottes gefühlt." Diesen Satz fand ich einzigartig. Er erzählte mir seine Erlebnisse in Maria Zell. Am nächsten Tag fuhr ich mit einer Freizeitgruppe, der ich angehöre nach Maria Schutz. Als wir in Maria Schutz ankamen, gingen die meisten ins daneben liegende Gasthaus. Die wenigen welche in die Kirche gingen, waren bald verschwunden. Nachdem gerade ein Gottesdienst stattfand, wollte ich bis zu dessen Ende bleiben.

Plötzlich klingelte mein Handy. Mein Handy habe ich für Notfälle unterwegs mit, wenn ich wieder eine Schwindel-Attacke bekomme, kann ich Hilfe holen. Ich bin nämlich der Meinung, dass mir niemand hilft. Die Menschen denken höchstens: „Die Alte ist betrunken." Meine Handynummer haben nur sehr wenige Menschen, dabei sind keine Klienten. In diesem Moment aber stand der Name des Klienten am Display. Ich erschrak und drückte ihn weg. Erschrocken war ich, weil ich gerade Gott sehr inbrünstig dankte, dass ich die Erfahrung mit diesem Klienten machen durfte. Dass ich ihm dazu verhelfen konnte und er mich an seinen wunderbaren Erkenntnissen teilhaben ließ. Ich war so dankbar – und in diesem Moment rief er an. Es hat mich so berührt, dass ich mich erst beruhigen musste, bis ich aus der Kirche ging und zurückrief. Er hatte mich gar nicht angerufen erklärte er mir, was für mich ein noch größeres Wunder war. Ich erzählte ihm, was gerade passiert war, darüber freute er sich sehr.

Das wurde auf wunderbare Weise aus dem hasserfüllten Mann!

Schlechtes Gewissen wegen Betrug

Einige Jahre später litt mein Bekannter an tiefen Depressionen. Er kam zu mir, um Blockaden abzulösen. Gleichzeitig besuchte er regelmäßig aber auch einen Psychotherapeuten. Das ist für meine Arbeit in der Regel kein Problem. Dieses Mal war es aber eines, und zwar aus dem Grund:

Bei der Blockadenablöse stellte sich heraus, dass ein Sohn meines Bekannten in der –Tschechoslowakei ein Haus geerbt hatte. Er bewohnt es nicht selbst, sondern erhält vom Bewohner eine Miete und in Österreich erhält er Sozialhilfe. Einnahmen aus Miete und gleichzeitig Sozialhilfe empfangen, das dürfte nicht sein. Der Vater, also mein Bekannter ist ein sehr gläubiger Mensch, daher hatte er dadurch ein schlechtes Gewissen, so sehr, dass er unter Depressionen litt. Den Eltern fehlte es aber nicht an Geld, die Frau macht Weltreisen, doch der Mann ist dafür zu sparsam. Bei der Ablöse wurde folgender Text ausgetestet: „Zeit in die Öffentlichkeit zu gehen......" Wir sprachen darüber, dass er das nicht hinaustragen muss, sondern dass er mit seiner Familie darüber reden sollte. Er sollte seine diesbezüglichen Bedenken nicht bei sich behalten. Mit der ganzen Familie wollte er nicht reden, aber er wird mit seiner Frau darüber sprechen, versicherte er mir. Ich war überzeugt, dass seine Frau Verständnis dafür gehabt hätte und anstatt um die Welt zu reisen, hätte sie ihren Sohn unterstützt, dass dieser keine Sozialhilfe brauchte. Dadurch wären die Depressionen ihres Mannes verschwunden. Beim nächsten Besuch meines Bekannten, als wir die zweite Sitzung machen sollten, erzählte er was sich inzwischen ereignet hatte. Dem Therapeuten hatte er von der Ablöse und dem Ergebnis erzählt, der ermunterte ihn, seinen Sohn weiterhin betrügen zu lassen. „Ach, das tun viele, warum sollten sie es nicht auch so machen?"

Da dieses das Unterbewusstsein aber als einen wesentlichen Grund für die Depressionen aufzeigte, konnte ich nicht mit ihm weiterarbeiten.

Schmierseife

Für die Ablöse der Blockaden im Unterbewusstsein mit Three in One Concepts, haben wir für die Ablösemöglichkeiten Vorlagen, doch manchmal verlangt das Unterbewusstsein etwas anderes.

Eine Frau um die Vierzig kam zu mir, weil sie Schlafstörungen hatte. Die Ärzte verordneten ihr nur Medikamente, von denen sie sich aber nicht abhängig machen wollte und die Therapeuten konnten ihr auch nicht helfen. Während der „Handlung", denn als „Behandlung" dürfen es nur Ärzte bezeichnen, stellte sich heraus, dass keines der vorgegeben Möglichkeiten angewendet werden sollte. Wir testeten ein Lexikon aus meinem Bücherregal aus und das Wort Schmierseife. Die Klientin las den Text, aber ich wusste mir damit nichts anzufangen und sie schon erst recht nicht. Beim weiteren Testen stellte sich heraus, dass ich es noch einmal lesen soll.

Achtung: Oberstes Gebot unserer Arbeit ist die Intuition. Ich las also den Text und als ich las: „Schmierseife wurde früher zur Reinigung verwendet." klickte es bei mir. Reinigung - Reinheit - Reinheit des Herzens! Ich testete, ob das gemeint ist und die Arme sagten ja. Also fragte ich die Frau: „Kann es sein, dass du nicht möchtest, dass dein Sohn erwachsen wird, weil du ihn dadurch verlierst?" Sie antwortete, ohne nachzudenken mit ja. Nun wusste ich, worum es überhaupt geht, und sagte zu ihr: „Das ist aber nicht reinen Herzens." Sie überlegte kurz und meinte: „Damit versperre ich doch meinem Sohn das Leben!" Nun konnten wir die Blockade endgültig beseitigen.

Das Wichtige daran war – sie kann wieder schlafen und arbeiten. Durch die Schlaflosigkeit konnte sie nicht mehr zur Arbeit gehen.

Ritual von der Teeverpackung

Bei einer Frau stellte sich als Unterstützungsaufgabe heraus, dass sie eine Packung Tee kaufen solle, was sie auch getan hat. Bei der nächsten Sitzung brachte sie die Verpackung mit. Darauf stand etwas von Ritual - da wusste ich, was diese Frau benötigte. Inzwischen fühlte ich auch welches Ritual es sein sollte. Wir testeten trotzdem, ob es das sein sollte, was ich fühlte. Sie war auf ihren Sohn zornig, weil er sich selbst das Leben genommen hat. Dass er vorher nicht mit ihr gesprochen hatte, das konnte sie ihm nicht verzeihen. Der Test ergab, dass sie noch einmal ein Trauergespräch braucht bei dem ich als Medium dienen sollte. (Nach seinem Tod hatten wir einige ehrenamtliche Trauergespräche, auch dieses machte ich ehrenamtlich.)

Als Medium spürte ich den toten Sohn sehr intensiv. Ich weinte bitterlich und entschuldigte mich als Sohn bei der Mutter, dass ich, als ich noch lebte nicht wusste, welch großen Schmerz ich ihr damit zufügen würde. Ich bat sie immer wieder um Verzeihung.

Zum Sohn kann man sagen: „Denn er wusste nicht, was er tut." Erst im Tod, wo es keine Grenzen mehr gibt und wo man jeden Fehler, den man im Leben gemacht hat, sieht, sah er, wie sehr er seine Mutter mit seinem Verhalten, dass er sich getötet hat, verletzte.

Jesus sagte am Kreuz: „Vater verzeih ihnen, denn sie wissen nicht, was sie tun." Ich glaube diese Aussage war richtig, denn alle, die Jesus zum Tode „verurteilt" haben, wussten nicht, was sie wirklich getan haben.

Aber deswegen kann man diesen Gedanken nicht bei jeder Situation anwenden.

Es gibt Menschen, die aus verschiedenen Gründen verletzen. Doch der Grund, weil sie nicht wissen, was sie tun, kommt dabei am seltensten vor.

Oft werde ich überrascht von dem, was sich ergibt und den Menschen hilft.

Vor jeder Sitzung/Handlung/Balance bitte ich Gott um
Führung und Begleitung durch diese Handlung. Das tue ich
aber leise, in der Zeit die meine Kolleginnen und Kollegen „den
Energiekreis schließen" nennen. Leise deswegen, weil das
wahrscheinlich einigen Menschen unangenehm wäre. Da auf
meiner Website ersichtlich ist, dass ich sehr gottverbunden
lebe, werde ich manchmal bei den Anmeldungen schon gefragt,
ob das etwas mit Kirche zu tun hat. Hat es aber nicht.

Managerkapsel

Ich war überrascht, als sich ein achtundvierzigjähriger Mann meldete und am Telefon auf meine Frage um das Thema erklärte: „Ich bin eifersüchtig und klammere an meiner Frau." Überrascht deswegen, weil selten Männer zu einer Blockadenablöse kommen. Die Überraschung steigerte sich, als er noch mit einem Thema auftrat, womit sich wenige Männer auseinandersetzen wollen, geschweige denn, es ablösen oder auflösen würden.

Es war nicht mit einer Sitzung erledigt. Wie üblich testete ich zu Beginn der ersten Sitzung aus, wie viele Sitzungen dieses Thema bedarf. Er brauchte drei Sitzungen und an dreiundzwanzig Tagen, einmal täglich einen Text als Unterstützungsaufgabe.

Schon zur zweiten Sitzung kam er und sah nicht mehr so bedrückt wie bei seinem ersten Besuch aus. Erst dachte ich, weil er nun die Technik und auch mich kennt. Doch nach der Frage an ihn, ob er eine Veränderung verspüre, erzählte er um wie viel es ihm besser ginge als vor der ersten Sitzung. Bei jedem Besuch strahlte er mehr und mehr. Er erzählte, was sich mit seiner Frau von der er schon getrennt wohnte, ergeben und verändert hat. Seine Frau war am Anfang noch skeptisch, weil er so oft versucht hat aufzuhören sie zu kontrollieren, aber immer funktionierte es nur für kurze Zeit. Er konsultierte schon einige Ärzte und Therapeuten deswegen.

Wir haben am 18. Oktober begonnen und am 18. November kam er zur letzten Sitzung. Mitte Jänner des folgenden Jahres schrieb ich ihm ein E-Mail und fragte nach, wie es ihm ginge und ob er mit seiner Frau wieder zusammenlebt. Daraufhin rief er mich an und erzählte, dass es bis zu Weihnachten gut ging. Er durfte sogar zu Weihnachten bei ihr schlafen, aber anschließend machte er wieder einige „Fehler", die seiner Frau so gar nicht gefallen haben und sie deswegen wieder auf Distanz mit ihm ging. Ich lud ihn zu einer kostenlosen Nacharbeit ein.

Bei der Nacharbeit stellte sich heraus, dass das Thema abgelöst ist, aber es gibt etwas das den Erfolg nicht zulässt. Also fragte ich das Unterbewusstsein, ob wir einen Text austesten dürfen, der uns sagt, was der Grund dafür ist. Es hat sich herausgestellt, dass er Vitaminkapseln einnimmt. Erst dachte ich: „Was können Vitaminkapseln schaden?" Doch dann fand ich die Erklärung, nachdem ich ihn fragte aus welchen Vitaminen die Kapseln bestehen. Es waren „Managerkapseln", die ihm seine Frau ohne ärztliche Absprache vor Monaten gekauft hatte.

„Managerkapsel". Was macht einen „Manager" aus? Härte und Kontrolle! Härte statt Wärme bzw. weich und zärtlich sein. Kontrolle statt Vertrauen und sachliches Reden. Das sind alles Eigenschaften, die für einen Manager wichtig sind, aber nicht für seine Frau.
Beiden war uns klar, dass dadurch der Erfolg blockiert wird. Nun testeten wir aus, ob er sofort aufhören darf oder langsam absetzen sollte. Es sollte langsam sein und nach zwei Wochen beendet werden.

Wieder einmal dankte ich dem was ich Gott nenne für seine Hilfe und dass er uns das wunderbare Unterbewusstsein gegeben hat. Wunderbar, weil bei diesem Mann mit Hilfe des Unterbewusstseins so etwas geschehen ist, das in der Bibel als Wunder beschrieben würde.

Nach einigen Wochen rief er mich an und erzählte, dass er und seine Frau seit seinem letzten Besuch bei mir, gemeinsam wohnen.

## Kinderehe

Eine Frau mit einundvierzig Jahren litt sehr darunter, dass sie seit zwanzig Jahren von einem Mann nicht loskommt, obwohl er keine eheähnliche Beziehung will, sondern nur Freundschaft pflegt. Sie ist aber auch der Meinung, dass sie ihn gar nicht näher an sich heranlassen möchte. So geht es ihr auch mit anderen Männern, die sie noch nicht so lange kennt. „Ich halte diese zwiespältigen Gefühle nicht mehr aus. Ich bin schon krank davon." erklärte sie mir. Wir führten eine Blockadenablöse durch.

Das hervorragendste Erlebnis hatte sie im 8. Lebensjahr. Als ich sie fragte, ob sie sich an etwas in dieser Zeit erinnern könnte, verneinte sie es. Somit fragte ich ihr Unterbewusstsein ab, ob es wichtig ist, zu wissen was da war. Wenn ich diese Fragen stelle, kommt meistens die Antwort vom Unterbewusstsein: „Nein." Dieses Mal aber kam ein „Ja". Es stellte sich heraus, dass ein Bub daran beteiligt war. Ich fragte so lange ab, bis wir in die Verwandtschaft kamen. Da hatte sie auf einmal eine Erinnerung und erzählte: „Ich habe in diesem Alter meinen Cousin geheiratet. Meine Schwester und eine Freundin waren auch dabei." Sie hatten „heiraten" gespielt, wie das oft Kinder spielen. Im Unterbewusstsein dieser Frau hatte sich damals festgesetzt, dass sie verheiratet ist und treu sein muss. Schon das zu erfahren war eine riesige Erleichterung für die Frau. Dann führten wir noch die Ablöse durch.

Kurze Zeit danach rief sie mich an und erzählte, wie wunderbar es ihr auf einmal ginge. Ihre Gefühle haben sich komplett geändert und sie hat eine Leichtigkeit, wie sie es viele Jahre nicht kannte.

Marmorgugelhupf

Ich hatte seit über zwanzig Jahren keinen Marmorgugelhupf gebacken. Meine beiden Töchter waren inzwischen erwachsen geworden und sind auf ihr Gewicht bedacht und ich hatte sowieso seit einem Unfall 1988 Gewichtsprobleme. Einige Zeit nachdem ich mit der Ausbildung für Systemaufstellung fertig war, organisierte ich Aufstellungsabende. Dafür bereitete ich einen kleinen Imbiss vor, wobei ich auch immer zwei oder drei verschiedene Kuchen gebacken habe. Einmal blieb unter anderem ein halber Marmorgugelhupf über. Ich hatte ihn nach dem Rezept meiner Mutter gebacken. Er war saftig und sehr gut. Als die Leute weg waren habe ich die übriggebliebene Hälfte eingefroren. Am nächsten Tag holte ich mir aber scheibchenweise den gefrorenen Gugelhupf aus dem Tiefkühlschrank. Da dachte ich plötzlich, damit das so nicht weitergeht löse ich dieses Thema, das dahintersteht ab. Ich schaffte es nicht allein, daher stand einige Tage später meine Tochter als Stellvertreterin für mich. Auch da funktionierte es nicht, darum habe ich abgefragt, ob wir einen Text austesten dürfen, der mir sagt, weshalb ich es nicht ablösen kann. Wir durften. In dem Text, den wir ausgetestet hatten, stand, dass ich nicht verzichten muss, sondern nur maßvoll sein soll, da spürte ich wie es klick in mir gemacht hat. Ich hatte nämlich die ganze Zeit gedacht: „Jetzt bin ich draufgekommen, wie gut selbstgebackener Kuchen schmeckt und schon muss ich wieder darauf verzichten." Nun durften wir es ablösen. Seither stört mich ein eingefrorener Kuchen nicht mehr. Es ist wunderbar, nicht getrieben zu werden etwas zu tun, was ich nicht will, nämlich – Kuchen essen.

SMS an Lehrerin

Nicht alles ist nach Ablösen perfekt, wenn man nicht verantwortungsvoll damit umgeht, wie Sie am Beispiel von Clemens (der Name ist geändert), sehen können.

Einige Wochen vor seinem vierzehnten. Geburtstag brachte ihn seine Mutter zu einer Ablöse von Lernblockaden und Konzentrationsschwäche zu mir. Damals konnte er keinen Satz einwandfrei lesen. Bei den Texten, die er zu lesen hatte, musste ich ihm sehr oft helfen. Er brauchte drei Sitzungen. In der Zeit der drei Sitzungen merkte ich, dass Clemens nicht nur beim Lernen blockiert war, sondern sein ganzes Wesen war blockiert. Daraufhin sprach ich mit seiner Mutter, die mir erzählte, dass sie bei Clemens in der Kindergartenzeit merkte, dass er sich nicht wie andere Gleichaltrige entwickelte. Weiters erzählte sie mir, was sie schon alles unternommen hatte, doch niemand, weder ein Arzt noch ein Therapeut konnte dem Buben helfen. Die Mutter und ich haben dann ausgetestet, ob wir Clemens mit Blockadenablöse helfen können, sich zu seinem höchsten Wohle zu entwickeln. Es wurde bejaht und es durfte auch die Mutter als Stellvertreterin für ihn stehen. Dadurch musste die Mutter nicht von der Arbeit in Wien nach Niederösterreich fahren, um den Jungen zu holen, sondern konnte gleich von der Arbeit zu mir kommen. Vor der ersten Sitzung sprach die Mutter mit Clemens darüber und auch er war mit dieser Lösung einverstanden. Er brauchte einige Sitzungen. Seine Oma erzählte mir später, dass er nach der ersten Sitzung jubelnd ausrief: „Dass das so schnell wirkt, habe ich mir nicht gedacht." Während der Sitzungen kam des Öfteren der Text:

*„Ideen beginnen zu fließen. Fange nicht zu viel auf einmal an, du könntest sonst deine Kräfte verzetteln.*

*„Drei" steht für nachlassenden Druck, mehr Humor und geistige Beweglichkeit. Zeit, an deine kreativen Möglichkeiten zu denken, eine Wahl zu treffen und dich zu fokussieren.*

*Sei achtsam in Details und kümmere dich stets nur um eines zu seiner Zeit. Sei nicht übermütig, weder in finanziellen Dingen noch in Beziehungen, die dir wichtig sind.*

*Handle nicht zu schnell, denn du musst erst das Gesamtbild sehen.*

*Nimm dir also die Zeit, die Dinge von Anfang bis zu ihren möglichen Konsequenzen durchzudenken.*

*Habe Geduld und behalte einen klaren Fokus, dann wird sich das „Glück" einstellen."*

Die Mutter von Clemens und ich sprachen darüber. Ich trug der Mutter auf, auf Clemens zu achten, dass er seine frei gewordene Energie, nicht in zu viele Aktivitäten einsetzt. Ich kam nicht auf die Idee, dass er sie so einsetzen könnte, wie er es gemacht hat. Er schickte der Klassenlehrerin, von der er sich immer benachteiligt bzw. nicht angenommen fühlte, per SMS eine nackte Frau. Diese war zwar nur von hinten zu sehen, aber nun war das Chaos perfekt. Die Mutter musste erst zur Klassenlehrerin und anschließend zum Direktor. Es wurde ihr angedroht, dass Clemens für einige Wochen ihn ein Heim kommen sollte.

Was war bei dem Jungen, der sich vorher sehr zurückgezogen hatte, geschehen, dass er so reagierte? Wir hatten doch die Blockaden „zu seinem höchsten Wohl" abgelöst. Mir wurde bewusst, dass der Sprung vom eingeschränkten Kind zum Jungen in der Pubertät sehr schnell erfolgt ist. Vielleicht zu schnell? Oder war es zu seinem höchsten Wohl, dass er die Erfahrung mit der Lehrerin und Allem, was damit verbunden war machen musste, um erwachsen zu werden und zu erkennen, was richtig und was falsch ist? Wir testeten wieder. Dabei stellte sich heraus, dass er Ablöse brauchte, um „so ein Mann werden zu können, auf den er stolz sein kann". Wohlgemerkt, es geht nicht um das Wohl der Mutter oder der Lehrerin, sondern um das Wohl von Clemens. Dafür musste er aber wieder selbst bei der Ablöse dabei sein. Schon bei der ersten Sitzung zu diesem Thema merkte ich, wie sehr er verändert war seit der Ablöse von Lernblockaden und Konzentrationsschwäche. Er las fehlerlos jeden Text. Es war eine Freude, den Unterschied zu merken. Die Lehrerin merkte ihn allerdings nicht. Was mich sehr betroffen macht, da sie doch eine Pädagogin ist und die Veränderungen eines Kindes merken müsste – wenn sie nicht wie bei Clemens Vorurteile hätte.
Ich war mit der Mutter bei der Lehrerin und beim Direktor und erklärte beiden, dass Clemens durch die Ablöse, energetisch die

Jahre aufholte, aber dass er nicht die Möglichkeit hatte, die praktischen Erfahrungen zu machen. Durch meine Erklärung blieb ihm ein Heimaufenthalt erspart.


### Ein unbeschriebenes Blatt

Nach der Ablöse von Lernblockaden bei einem Buben, stellte sich der erwünschte Erfolg nicht ein. Bei der Nacharbeit, die ich kostenlos anbiete, sollten wir einen Text auf Seite 136 in einem Buch ansehen. Es war der Hinweis auf ein anderes Buch, nämlich: „Das ist Yoga". Im Buch: „Das ist Yoga" sollte es wieder die Seite 136 sein. Während ich die betreffende Seite suchte, sagten der Junge und ich zur gleichen Zeit: „Das wird eine leere Seite sein". Wir lachten beide, weil es auch so war. Nun, was sollte uns die leere Seite sagen? Er hatte keine Idee. Ich überlegte: Eine leere Seite – ein unbeschriebenes Blatt – was bedeutet der Ausspruch: „Wie ein unbeschriebenes Blatt"? – Unschuld – unschuldig – ohne Verantwortung! Dann wusste ich, worum es ging. Wir hatten zwar die Blockaden abgelöst, aber es gab einen Grund, der den Erfolg nicht zugelassen hat, und zwar:

Wenn ein Kind keine Freude am Lernen hat, kann durchaus der Grund dafür sein, dass es aus welchen Gründen auch immer, keine Verantwortung für sein eigenes Leben übernehmen möchte. Das wurde uns beiden durch das leere Blatt bewusst. Das haben wir mit einer Korrektur ausgeglichen.

### Bandscheibenvorfall

Ich hatte schon einige Bandscheibenvorfälle, mit einem war ich im Krankenhaus. Nach der Behandlung im Krankenhaus, hat es mir einige Wochen lang des Öfteren den rechten Arm hochgerissen. Das war sehr unangenehm, besonders wenn es jemand sehen konnte.

Als ich einige Jahre später wieder einen Bandscheibenvorfall hatte, wollte ich damit nicht ins Krankenhaus. Ich testete aus, ob Blockaden dahinterstehen und ob ich sie selbst ablösen darf. Auf beide Fragen bekam ich ein „Ja", also führte ich die Ablöse durch. Als ich fertig war hatte ich keine Schmerzen mehr, blieb auch bis heute schmerzfrei und ohne einen weiteren Bandscheibenvorfall, obwohl inzwischen etwa zehn Jahre vergangen sind.

## SYSTEMAUFSTELLUNGEN

Systemaufstellungen sind eine wunderbare Möglichkeit, um sich Situationen anzusehen. Es können verschiedene Zugänge zur Besserung der Lage eruiert werden. Von der Zurückgabe an vorherige Generationen halte ich nicht viel. Ich habe die Erkenntnis gemacht, dass der Erfolg keine dauerhafte Wirkung hat, im Gegensatz von Blockadenablösen. Doch wie erwähnt, zur Betrachtung und Zeigen von wirksamen Veränderungen, sind Systemaufstellungen sehr gut geeignet.

Vor der Ausbildung für Integraler Coach - Systemaufstellungen 2007, habe ich bei der Wirtschaftskammer angefragt, ob ich ohne ärztliche Ausbildung Aufstellungen leiten darf. Das wurde bejaht. Diese Ausbildung war sehr teuer und wie sich vor einigen Jahren herausstellte, unnötig, denn nun dürfen Humanenergetiker keine Aufstellungen leiten.

Während der Ausbildung lernten wir viel Theorie, von der ich das meiste schon aus über zwanzig Jahre verschiedener Ausbildungen kannte.
Aber wir übten auch die Praxis. Es wurde vor einer Aufstellung ausgetestet, wer Klient sein sollte. Nämlich, von dessen Aufstellung wir Ausbildungs-Teilnehmer am meisten profitieren konnten.

Zwischen den Ausbildungsblöcken trafen wir uns als Peergroups (Gruppen von Gleichgestellten) zum Üben. Als einmal ein Mann aus der Gruppe als Klient ausgetestet war und ein anderer als Aufstellungsleiter, teilte der sogenannte Klient das Thema mit und meinte: „Ich weiß ja schon was herauskommt." Da wurde er gefragt: „Warum?" „Weil jemand dieses Thema für mich gechannelt hat." antwortete er. Ich erschrak und dachte: „Wenn du dich jetzt nur nicht versündigt hast." Man darf ein Thema nicht zwei Mal ansprechen, das ist wie „Gott prüfen wollen". Die Aufstellung war ein Chaos und endete mit einem Fiasko.

166

Bei meiner Prüfungs-Aufstellung war ich die Einzige, die zu Beginn der Aufstellung nach Absprache mit meiner Klientin, ein Gebet sprach und Gott um seine Hilfe und Führung bat, sowie, dass alle Personen wertschätzend miteinander umgehen können, auch wenn es in der Aufstellung mit Gewalt zu tun hat.

Bei dieser Aufstellung ging es turbulent zu. Bei der betreffenden Familie gab es unter anderem eine geistesgestörte und eine behinderte Frau. Zwei Männer rauften in der Aufstellung und fielen hin. Sie blieben liegen und ich als Leiterin ging leise zu ihnen und berührte jeden am Bein, damit sie merkten, mir war bewusst, was da geschah. Beim Feedback meinte der Trainer: „Und sie geht noch in die Energie hinein!" Ich freue mich, dass ich mich so wunderbar abgrenzen kann. Das hat sicher mit all dem, was ich in meinem Leben in dieser Beziehung gelernt habe, zu tun.

Als ich z.B. einige Monate nach der Ausbildung für mich selbst eine Aufstellung leitete, standen unter anderen eine Stellvertreterin für mich/Ilse und ein Stellvertreter für meinen Vater. Ilse und mein Vater umarmten sich und Ilse weinte bitterlich. Plötzlich fühlte ich selbst Tränen und dachte: „Ich bin die Leiterin, die Ilse steht da drinnen." Sofort hatte ich mich dadurch abgegrenzt und die Tränen waren bei mir persönlich versiegt. Die Ilse in der Aufstellung weinte genauso bitterlich, wie ich in dieser Situation im wirklichen Leben geweint hatte.

Schon während der Ausbildung ersuchte ich immer wieder die Kolleginnen und Kollegen, demütig mit dieser Arbeit umzugehen. Bei dieser Arbeit geht es um göttliche Energie, mit der dürfen wir nicht spielen.

Besonders wichtig bei Aufstellungen ist mir, dass man wertschätzend miteinander umgeht, auch wenn es in einer Situation um „Gewalt" geht.

Ebenso bin ich der Meinung, dass es egal ist, ob ein Aufstellungsleiter Psychotherapeut, Psychiater oder ohne medizinisches Studium ist, wenn die Aufstellung gekonnt und sorgfältig ausgeübt bzw. geleitet wird.

Ich habe noch dringende Empfehlungen:
Es sollte niemand Aufstellungen leiten dürfen, der nicht eine entsprechende Ausbildung hat, um Stellvertreter, die selbst nicht aus der Fremdenergie herauskommen, davon befreien zu können.

Klienten werden manches Mal zu ihrem Stellvertreter in die Aufstellung hineingestellt. Das darf nur in einer positiven Situation geschehen!

Hätte ich die Macht, würde ich jedem Aufsteller verbieten, einen Klienten „hineinzustellen", wenn der Klient dadurch in eine schlechte Situation gestellt wird, weil er dadurch die negative Energie aufnehmen kann.

Außerdem müssten Aufstellungsleiter darauf achten, dass alle Stellvertreter aus der sogenannten Rolle „entlassen" werden.

Jeder Aufstellungsleiter sollte unbedingt für die Stellvertreter da sein, wenn es diesen eventuell durch die Aufstellung in den folgenden Tagen oder Nächten schlecht geht. Von mir bekam jeder Stellvertreter eine Telefonnummer, unter der ich in den folgenden Tagen und Nächten einer Aufstellung erreichbar war.

Ich habe an über einhundert Aufstellungen teilgenommen, davon viele geleitet. Als ich meinen regelmäßigen Stellvertreterinnen und Stellvertretern verkündete, dass ich in Zukunft keine Aufstellungen leiten werde, da es von der Wirtschaftskammer nicht mehr erlaubt wird, waren sie entsetzt. Eine Frau erklärte: „Ilse, ich habe schon bei Aufstellungen einiger Aufstellern mitgemacht, aber niemand hat es so gut gemacht wie du. Ich glaube ihr das auch - ohne Überheblichkeit.

168

Vorsicht vor unqualifizierten Aufstellungsleitern

Einer jungen Ärztin hat ein Aufstellungsleiter, ein Psychotherapeut, Dämonen als Fremdenergie - ich nenne es „hineingedrückt". Als ihre Stellvertreterin am Boden lag, stellte er die Klientin in die Aufstellung und sagte sehr eindringlich und einige Male wiederholend: „In dir sind Dämonen, fühlst du sie?" Sie wurde psychisch krank. Ihre Mutter war auch bei diesem Aufsteller und wurde ebenso psychisch krank. Beide Frauen kamen für einige Zeit in ein psychiatrisches Krankenhaus und wurden mit entsprechenden Medikamenten behandelt und entlassen. Beide Frauen hörten auf die Medikamente zu nehmen und schlichen sich in einem Restaurant in den zweiten Stock. Erst sprang die Tochter aus dem Fenster, dann die Mutter. Die Mutter war tot, die Tochter schwer verletzt. Die Tochter ersuchte mich um Trauerbegleitung. Anschließend kam sie zu verschiedenen Gruppengesprächen und bei Ausflügen mit, da sie seit dem Tod ihrer Mutter sehr einsam war.

Bei einer anderen Frau wurde vergessen, sie aus der Rolle zu entlassen. Sie war in der Aufstellung ein Vergewaltiger. Sie blieb daher ein oder zwei Wochen in dieser Energie und fühlte sich dabei furchtbar schlecht.

Diese Frauen waren einer der Gründe, weshalb ich die Ausbildung für Systemaufstellungen machte. Während der Ausbildung zur Lebens-, Sterbe- und Trauer-begleiterin habe ich schon einige Seminare für Systemaufstellungen besucht. Da habe ich sie aber noch nicht mit den Augen einer Aufstellungsleiterin gesehen. Nun wollte ich das Geschehen mit den Augen des „Fachmannes bzw. der Fachfrau" betrachten, um zu sehen, welche Fehler gemacht werden können.

Mein ungeborener Zwillingsbruder

Mit vierzehn Jahren habe ich bei meinem Vater die Lehre als Einzelhandelskauffrau begonnen. Eines Tages schickte mich mein Vater ins Bett, weil ich ein Abszess an der Hüfte hatte. Die Schmerzen waren so stark, dass ich kaum stehen konnte. Einige Stunden danach, kam meine Mutter ans Bett, um mich zu fragen, wie es mir geht. „Mutti mein Knie schmerzt so sehr." erklärte ich ihr. Sie sah sich das Abszess an und meinte, dass nur mehr der „Stöpsel" da ist. Sie wird ihn mit der Pinzette herausholen, dann ist alles gut. Sie hat das auch gemacht, aber da quoll fingerdick Blut und Eiter aus dem Abszess. In weitem Bogen ergoss sich der Inhalt des Abszesses, so, dass meine Mutter erschrocken nach meinem Vater rief. Beide hatten zu tun, um mit dem Auffangen und Wegwischen zurechtzukommen. Ich allerdings lachte nur dazu, denn mit jedem Schwall wurden der Druck und der Schmerz leichter.

Der „Stöpsel" war - ein Zwilling. Kleinkinder nennt man oft „Stöpsel". Also hätte das ein Stöpsel mit zwei Beinen werden sollen. Ich habe dieses Erlebnis nie vergessen. Die ganze Familie war bei jeder Geburt auf Zwillinge gefasst, weil auch meine Mutter einen Zwillingsbruder hatte, der aber bei der Geburt gestorben ist.
Als ich dreiundsechzig Jahre alt war, meldete sich mein Zwilling öfter. Erst einmal bei einer Blockadenablöse. Da stellte sich heraus, dass es ein Bruder gewesen wäre und dass er im fünften Schwangerschaftsmonat abgestorben ist.

Als ich einmal bei den Übungstreffen von Systemaufstellungen Klientin war, wurde nach einiger Zeit ein Joker in die Aufstellung hineingestellt, der aufklären sollte, was hier vorgeht. Dieser Joker sagte: „Ich weiß nicht, wer oder was ich bin. Es ist wie eine Geburt und doch keine Geburt. Es fließt in hohem Bogen viel Blut und Eiter." Er setzte sich auch gleich auf den Boden zu Füssen der Eltern. Diese Geste hat immer die Bedeutung von fehlen oder tot sein. Da wusste ich sofort, was der Joker darstellte. Es war das Erlebnis mit dem Stöpsel.

Bei einer Blockadenablöse kam er wieder an die Oberfläche. Als Unterstützungsaufgabe musste ich ein Ritual machen, aber ich hatte zwei Wochen Zeit dafür. Diese zwei Wochen brauchte ich, um mich von ihm zu verabschieden. Ich beweinte ihn und war traurig. Ich dachte immer: „Kaum habe ich einen Bruder, der wahrscheinlich so gefühlt hätte wie ich, muss ich ihn schon wieder hergeben." Nach zwei Wochen pflückte ich von meinem Wildrosenstrauch eine Rose und band ihr eine weiße Schleife um. An dem Tag der Testamentseröffnung meiner verstorbenen Mutter, fuhren meine Tochter und ich zum Grab meiner Eltern und ich legte die Rose mit dem Band auf das Grab. Zu meiner Tochter sagte ich: „Schau, es sieht aus als würde ein Baby sein Köpfchen auf das weiße Band legen und schlafen." Einige Tage später sah ich zufällig in einem Schaufenster einen Briefbeschwerer aus Glas, in dem ein Engel eingeschliffen war. Es war wie ein Gruß meines ungeborenen Bruders. Selbstverständlich kaufte ich den Briefbeschwerer und seither steht er an der Seite der Fotos meiner Eltern.

Kurze Zeit später, bei der Abschlusswoche von Three in One Concepts, war wieder mein ungeborener Zwillingsbruder vorherrschend. Er war der Grund, dass ich Three in One nicht beruflich ausüben wollte, sondern nur kostenlos. Meine Kollegin, die mit mir die Blockaden ablöste, die verhinderten, dass ich das Gewerbe als Humanenergetikerin ausübe, hat mir wunderbar geholfen. Sie hielt mir Stirn und Hinterkopf. Und - was bei Three in One nicht üblich ist, sie ließ mich in das Gefühl, das ich hatte, wie mein Zwillingsbruder abgestorben ist, hineinfühlen. Weil sie Stirn und Hinterkopf hielt, empfand ich es wie im Bauch meiner Mutter. Sie sprach dazu: „Dein Bruder hat dich nicht verlassen. Du hast ihn auch nicht vertrieben. Er hatte seine Aufgabe erfüllt, daher musste er gehen."
Nun was war seine Aufgabe? Was war das für eine Botschaft? Ich war das einzige Wunschkind von vier Kindern. Meine Mutter hat mir das immer wieder erzählt. Einmal fand ich beim Putzen einen Brief, den meine Mutter meinem Vater im Krieg geschrieben hatte. Darin stand: „Wenn ich nicht schwanger werde, lasse ich mich scheiden." Ich war damals etwa vierzehn

oder fünfzehn Jahre alt und fragte meine Mutter öfter: „Mutti, was hast Du Dir dabei gedacht? Im Krieg wünscht sich doch niemand ein Kind?" Sie gab mir nie eine Antwort, aber hatte ein eigenartiges Lächeln im Gesicht. Bei einer Aufstellung stellte sich heraus, dass sie Hitler einen Jungen schenken wollte.

Nun waren zwei Kinder in ihrem Bauch. Jetzt kommt die Aufgabe des Zwillingsbruders ins Spiel, denn Gott hatte ganz was anderes vor als meine Mutter sich wünschte. Der gewünschte Hitlerjunge musste gehen und ich als Mädchen wurde geboren und eine Friedensaktivistin. Er musste fünf Monate an meiner Seite sein, bis ich seine Liebe übernehmen konnte, um stark und liebevoll genug sein zu können, als Friedensaktivistin aufzutreten. 1997 wurde ich z.B. eine der Friedensnobelpreisträgerinnen durch das weltweite Verbot der Anti-Personen-Minen.

Was mir noch aufgefallen war ist der Siebenjahreszyklus. Als ich 14 Jahre alt war das Abszess und mit 63 Jahren, Bewusstwerdung und verarbeiten. Das heißt, mit vierzehn ließ ich ihn physisch/körperlich los und mit dreiundsechzig energetisch.

Ihr Vater ist nicht ihr Vater

Bei den Prüfungsaufstellungen musste jeder Teilnehmer einen Gast als Klienten bringen, dessen Aufstellung aber nicht von ihm, sondern von einem anderen Teilnehmer und einem Co-Leiter der Ausbildung geleitet wurde. Jeder Klient zahlte ein Honorar, wovon die Hälfte in einen Topf für ein gemeinsames Abendessen in einem Restaurant am Ende der letzten Prüfung bestimmt war. Die andere Hälfte bekam der Aufstellungsleiter. Ich nahm kein Geld, sondern zahlte für meinen Gast die Gebühren.

Mein Gast wurde von einem Kollegen geleitet. Sie war eine langjährige Bekannte, die ich kennenlernte, weil sie zu mir wegen Panikattacken kam und ich ihr helfen konnte, was den Ärzten nicht gelungen ist. Ich hatte im Infoblatt der Arbeitsgemeinschaft Haus des Friedens über Angst geschrieben. Diesen Artikel hatte sie zufällig gelesen und meldete sich daraufhin bei mir. Nachdem ich sie weiterhin begleitete, lud ich sie als Gast-Klientin zur Prüfung ein. Das Honorar zahlte ich für sie, da ich der Meinung war, dass ich sie ja für die Prüfung brauche, da könnte ich doch kein Honorar verlangen.

Da die Aufstellung von meinem Kollegen und einer Co-Leiterin geführt wurde, konnte ich die Situationen in Ruhe betrachten. Ich kannte inzwischen die Vergangenheit meiner Bekannten sehr genau. Als die Aufstellung zum Stillstand kam, wurde ein Jocker hineingestellt. Es war eine schlanke große Frau, die nach kurzer Einstellung in die Energie, die Arme vom Körper weghob und sich wiegte wie ein Baum im Wind. Ich wusste sofort was gemeint war. Ich fragte meine Bekannte einmal, ob es Gott bei ihr gäbe und sie verneinte. Daraufhin fragte ich sie, wie sie das nennt, das stärker als wir Menschen ist und was wir Menschen nicht beeinflussen können. Sie antwortete mir: „Die Technik." Dabei ließ ich es bewenden, denn ich möchte niemandem etwas einreden oder aufzwingen. Als sie mich einige Zeit später wieder einmal anrief und mir ihre privaten Probleme schilderte, erklärte ich im Gespräch ganz gelassen: „Da habe ich es halt leichter als Du, denn ich habe Gott." Es dauerte nur ein paar Tage da rief sie mich wieder an und erzählte mir folgendes. Sie fuhr in der Wagramerstraße und dachte über meinen Satz von Gott nach. Da stellte sie fest: „Die Ilse hat recht, warum soll ich es nicht Gott nennen." In diesem Moment fuhr sie an der Kirche vorbei, in der sie sich zwanzig Jahre vorher von Gott verabschiedet hatte. Sie blieb mit dem Auto stehen und ging in die Kirche, die geöffnet war. Die Türen waren normalerweise geschlossen. Sie stellte sich zum Altar, sah beim Fenster hinaus und erblickte einen Tannenbaum, dessen Äste sich im Wind bewegten. Sie sah den Tannenbaum und sagte: „Gott, da bin ich wieder." Das war es, das der Joker zeigte.

Weiters stellte es sich bei dieser Aufstellung heraus, dass ihr Vater nicht ihr Vater war, sondern ihr Onkel. Beide waren schon tot.

Wir haben gemeinsam nach der Aufstellung den Raum verlassen und uns noch unterhalten. Sie wollte es nicht akzeptieren, dass ihr Vater gar nicht ihr Vater sei. Ich erklärte ihr aber, dass ich während der Ausbildung und bei den Peergroups die Erfahrung gemacht habe, dass sie sich darauf verlassen kann. Ich ermunterte sie, ihre Schwester, die acht Jahre älter als sie ist, danach zu fragen, ob diese darüber etwas weiß. Es vergingen etwa zwei Wochen, da wollte sie sich mit mir treffen. Sie wollte mir erzählen, dass sie ihre Schwester befragt hat und diese stellte verdutzt die Frage: „Du hast das nicht gewusst? Unser Onkel, der schon lange tot ist, war dein leiblicher Vater." Daraufhin holte meine Bekannte die Mappe mit den Papieren ihrer verstorbenen Mutter hervor und siehe da, ganz oben, als erstes Dokument war die Sterbeurkunde des Onkels. So, als würde ihr ihre Mutter damit etwas zeigen wollen.

## LEBENSENERGIE - PRANA
### Fremdenergie

So wie unsere Erde mit Sauerstoff bzw. Luft umgeben ist, so ist wahrscheinlich das ganze Universum mit Energie umgeben und durchsetzt.
Wir Menschen bestehen aus Körper = Materie. Sowie aus Geist + Seele = Energie, die wir nicht sehen können, aber ohne die wir nicht leben könnten.

So kann es geschehen, dass sich - meistens in Zeiten, in denen wir selbst schwach sind, wie z.b. während einer Operation, im Schlaf, während seelischer oder körperlicher Krankheiten oder wenn wir müde sind, viel und konzentriert am Computer arbeiten oder fernsehen - fremde Energie an uns hängt. Diese Fremdenergien können gutartig sein, aber auch bösartig.

Ich musste zum Beispiel 2004, als sich bei mir eine Energielosigkeit einstellte, die Ausbildung zum Prana-Healing unterbrechen. Ich hätte sonst den Klienten, anstatt ihre schlechte Energie abzunehmen bzw. zu neutralisieren und gesundes Prana/Energie zu geben, ihre ungesunde Energie übernommen und wäre selbst an ihren Krankheiten erkrankt. Oder, was auch passieren hätte können, ich hätte den Klienten ihre gesunde Energie „geraubt".

Wir können uns selbst, ohne dass es uns bewusst ist, fremde Energie holen. Aber wir können auch bewusst fremde Energie übernehmen, wie z.B. als Medium oder als Stellvertreter bei Systemaufstellungen.

Gute Schauspieler machen das. Sie stellen sich auf die Person, die sie spielen sollen, ein. Somit übernehmen sie deren Energie. Sie verhalten sich automatisch wie ihr „Vorbild".

Auch Personen, die ihre wahrhaftigen Gefühle nicht zeigen wollen, tun das, indem sie sich „verstellen".

Besetzung

Vor etwa dreißig Jahren während der Ausbildung zur Lebens-Sterbe- und Trauerbegleiterin hörten wir einen Vortrag über „Besetzung". Ich war verwundert darüber, dass es das heutzutage noch gibt. Zwar hörte, las oder sah ich manchmal im Fernsehen, dass jungen Mädchen mit Gewalt sogenannte Dämonen ausgetrieben wurden. Ich war darüber jedes Mal empört, weil in der Bibel Markus 9,28-29 ein anderes Vorgehen beschrieben wird:

*„Als Jesus nach Hause kam und sie allein waren, fragten ihn seine Jünger: Warum konnten denn wir den Dämon nicht austreiben? Er antwortete ihnen: Diese Art kann nur durch Gebet ausgetrieben werden."*

Während der Schamanen-Ausbildung, lernten wir das „Wegschicken von Fremdenergie/Besetzung". Wir lernten, wie Jesus es beschreibt, dass es liebevoll geschehen muss. (Beten ist Liebe. Kein bösartiger Mensch würde beten.) Jede Form von Fremd-Energie bzw. Besetzung, auch wenn es Dämonen sind, muss wertschätzend verabschiedet werden. Manche Fremdenergien verlassen den Menschen überhaupt erst, wenn man sie zwar konkret und bestimmt, aber wertschätzend und liebevoll bittet oder auffordert zu gehen.

Durch die Übungen während der Ausbildung habe ich es an mir gespürt, was Fremdenergien oder Besetzungen sind. Mir wurden drei davon weggeschickt. Von zweien will ich erzählen, weil Sie damit verstehen können, was mit Fremdenergie gemeint ist.

## Der Harlekin

1993 waren für mich zehn qualvolle Jahre zu Ende. Davor aber ging es mir so schlecht, dass ich nicht mehr weinen und nicht mehr lachen konnte, obwohl ich vorher ein fröhlicher Mensch war. Manches Mal dachte ich: „Wenn ich nur weinen könnte, dann wäre der Überdruck aus mir heraus." Aber ich konnte bei bestem Willen nicht weinen. Weil ich nicht mehr lachte, baten mich meine beiden Töchter: „Bitte Mama lache wieder." Auch andere Menschen kritisierten mich, weil ich nicht mehr lachte.

Hauptsächlich aus Liebe zu meinen Kindern, eignete ich mir ein künstliches Lachen an und alle meinten, ich lache wirklich. Schon bei dem Wort „eignete" kann man ersehen, dass ich mir etwas holte, nämlich fremde Energie - den Harlekin. Der Harlekin, der immer lacht, auch wenn er todtraurig ist.

Bei der Verabschiedung des Harlekins sagte ich ihm Folgendes: „Danke, dass du bei mir warst als ich dich brauchte. Ich hätte ohne dich wahrscheinlich nicht überlebt oder wäre in der Psychiatrie gelandet. Du warst für mich lebensnotwendig und eine große Hilfe. Jetzt aber, da ich wieder selbst und von Herzen lachen kann, bist du mir zu schwer geworden. Ich glaube, es ist an der Zeit, dass du gehst, aber ich danke dir vielmals für deine Dienste." Die Tränen rannen mir aus den Augen, nicht weil ich an die schlimme Zeit dachte, sondern aus Dankbarkeit. Ich war dieser Energie, die sich Harlekin nannte, dankbar.

Nun dürfen Sie genauso staunen wie ich - die Erleichterung ist enorm. Ich habe nicht mehr das Gefühl, ich muss auf alle Menschen strahlend zugehen. Seither bemerke ich erst, wie schwer das war und wie leicht ich mich jetzt fühle.

## Die Todessehnsucht

Eine Fremdenergie, die sich Tod nannte, wurde von mir weggeschickt. Erst wusste ich nichts damit anzufangen, aber dann war es mir plötzlich klar, es war die Todessehnsucht, welche ich seit einem Nahtoderlebnis und einem Todesnaherlebnis bei einem Unfall 1988 (mitten in den zehn schlimmen Jahren) hatte. Seither hatte ich eine starke Todessehnsucht, war allerdings nicht suizidgefährdet. Doch das Leben fiel mir sehr schwer, im Tod ist alles viel leichter, dachte ich. Nachdem mich meine Töchter noch brauchten, musste ich leben. Von der Fremdenergie, die sich Tod nannte, wünschte ich zu leben, aber ein bisschen ein fröhlicheres Leben als in den letzten Jahren. Ich nahm alles viel zu tragisch und zu ernst. Der Tod war einverstanden und ging weg von mir.

Seither habe ich keine Todessehnsucht mehr, meine Lebensauffassung hat sich verändert - ist leichter und fröhlicher geworden - und das Burn-Out ist abgelöst. Das Burn-Out, an dem ich vor dieser Ausbildung gelitten habe, war der Grund, dass ich diese Ausbildung machte - zu meiner eigenen Heilung.

Nachdem die Erfahrungen während dieser Ausbildung so wunderbar für mich waren, und ich vorher und nachher noch andere Ausbildungen von humanenergetischen Methoden absolvierte, übe ich das Gewerbe als Humanenergetikerin aus. Ich will anderen Menschen helfen ein lebenswertes Leben führen zu können. Ich habe seither viele schöne Erfahrungen mit Klienten gemacht.

Jesusenergie

Vor einigen Jahren besuchte ich eine theologische Seminarreihe über die 10 Gebote.

Als der Vortragende erzählte, dass er mit „ungläubigen" Menschen gesprochen hätte, dass das, was sie anbeten, nicht Gott ist, sondern nur Holz und er werfe das Holz ins Feuer, wo es verbrennt, dachte ich: „Und was machen wir mit Jesus?"

Als ich dann nach Hause fuhr, musste ich diesen Abend noch verarbeiten und war sehr in Gedanken versunken. Als ich dachte, wenn Jesus noch leben würde, was würde er dazu sagen, fühlte ich plötzlich die Energie von Jesus. Ich war sehr erschrocken und dachte, ich sei überheblich das zuzulassen. Jesus ist für mich nicht Gott, aber der „größte von uns Menschen". Bis der nächste Gedanke kam: „Lasse das nur zu, du hast es nicht herbeigeholt, es kam von allein." Da habe ich es mit gutem Gewissen zugelassen.

Es war so, als würde Jesus seine Hand über alle Kirchen und Pfarren und das Gehabe der meisten Priester und den Männern der Kirchenleitung ausbreiten und sagen: „Was habe ich damit zu tun? Was wollen die alle von mir?" Er kannte sich nicht aus, er wusste nicht, was da abgeht. Er war - jetzt muss ich das richtige Wort suchen - befremdet. Er konnte mit all dem nichts anfangen. Er kannte das alles nicht. Das war nicht in seinem Sinn.

Ich war von dem Gefühl überrascht, dass es so drastisch ist, hätte ich mir vorher nicht vorstellen können.

Schon seit einiger Zeit bin ich der Meinung, dass die Seele unserer Verstorbenen länger als in den Totenbüchern steht, in unserer Nähe bleibt.
Dieses Erlebnis mit der Jesusenergie hat mich in dem bestärkt: „Tot ist nur, wer vergessen ist." Jesus lebt aber noch im Herzen vieler Menschen.

Im Sprung gehemmt

Bischof Helmut Krätzl schrieb das Buch: „Im Sprung gehemmt"
Untertitel: „Was mir nach dem Konzil noch alles fehlt".
Ich hatte zum Wochenende ein Erlebnis, das mich an den Titel
des Buches erinnerte, denn ich wurde Gott sei Dank „im
Sprung gehemmt".

Im Okt. 2022 war ich mit der Pfarre zum 3. Mal bei den
Passionsspielen in Kirchschlag, in der Buckligen Welt. Der
Reiseleiter hatte Karten in den vorderen Reihen gekauft.
Dadurch waren wir nahe an der Bühne.
Ich betrachtete das „Spiel" ohne Emotion. Bis zu folgender
Szene, die nicht auf der Bühne, sondern auf einer Ebene mit uns
Zuschauern in etwa 7/8 Metern direkt vor mir, da ich den
ersten Platz neben dem breiten Mittelgang hatte, abgelaufen ist:

Jesus trug den Querbalken des Kreuzes, Blut rann ihm von der
Dornenkrone über das Gesicht und sein weißes Gewand war
von der Geißelung Blut-bespritzt. Sein Gesicht
schmerzverzerrt. Er fällt, wie es in der Bibel steht. In diesem
Moment wollte ich aufspringen und zu ihm laufen, mit den
Worten; „Er ist unschuldig, er hat nur Gutes getan, nehmt mich
statt ihm!". Im nächsten Moment dachte ich: „Um Gottes
Willen, was will ich da tun, das ist doch nur ein Spiel."

Nachher dachte ich nach, was in den vorherigen Jahren anders
war. Da diese Passionsspiele in Kirchschlag nur alle 5 Jahre
abgehalten werden, liegen ja einige Jahre dazwischen und ich
kann mich nicht mehr erinnern, ob ich damals weiter hinten
oder in der Mitte einer Reihe gesessen bin, so, dass ich mich
nicht „direkt" aufgefordert fühlte, so zu reagieren wie dieses
Mal.
Oder: Erst dieses Jahr wurde es auf diese Weise gezeigt und ich
war durch den nahen Sitzplatz in diese Energie eingebunden.

Mir wurde durch dieses Erlebnis wieder meine
Lebenseinstellung gezeigt.

180

## AURATECHNIKEN

Aura kommt aus dem Sanskrit und bedeutet „Hauch", „Lufthauch" „Windhauch". Unsere Energie ist nicht nur in unserem Körper, sondern wir strahlen sie auch aus.

Aus Wikipedia: *„Aura" steht für:*

- *Aura, griechische Göttin der Morgenbrise*
- *ein Begriff aus esoterischen Lehren für eine wahrnehmbare Ausstrahlung"*

### Die Aura sehen

Diese Ausstrahlung wird Energiekörper genannt und manche Menschen können ihn in Farben sehen. Ich kann das nicht, es scheint als würde das für mich nicht bestimmt sein, die Aura anderer Menschen zu sehen. Ich sehe nicht den Energiekörper anderer Menschen, sondern ich nehme wahr, was der Mensch fühlt oder wie sein Befinden ist.

Einmal jedoch sah ich die strahlende Aura eines Menschen. Ich suchte jemand, der saß aber bei einer Menschengruppe daher konnte ich ihn nicht sehen. Er hat mich aber gesehen und begann zu strahlen. Ich wurde auf einen großen gelb strahlenden Fleck aufmerksam und dachte, das ist doch nicht möglich, ist das N? Er stand auf und kam strahlend auf mich zu. Es war N.

### Aura-Chirurgie

Eine Methode, mit der ich manchmal arbeite, ist die Aura-Chirurgie. Unsere Trainerin, eine deutsche Ärztin, die das Konzept entwickelt hat, nannte diese Ausbildung: „Aura-Chirurgie". Die Bezeichnung „Chirurgie" ist in Österreich nur Ärzten vorbehalten, daher nenne ich sie: „Aura-Technik". Dabei wird in der Energie außerhalb des Körpers gearbeitet, wie das Wort schon sagt: in der Aura.

Was sind „Sindsie"?

Heute weiß ich nicht mehr, welches Problem meine Tochter hatte, weshalb sie wollte, dass ich bei Aura-Technik anwenden sollte. Wir testeten aus was sie brauchte. Es war, „alte Muster abschneiden". Der Ablauf dieser Handlung ist wie eine Operation, für die ich die Vorbereitungen wie eine Krankenschwester durchführen muss. Wenn dann die „geistigen" Ärzte operieren, stehe ich etwas abseits. Wenn sie fertig sind, nehme ich meine Tätigkeit wieder auf. Als ich dieses Mal mit der Handlung fertig war, musste ich mich auf den Boden setzen und warten. Ich dachte nach, weshalb ich das tun muss, und hatte das Gefühl als musste meine Tochter erst von der Narkose aufwachen. Dann standen wir beide zur gleichen Zeit auf und meine Tochter fragte: „Mama was sind „Sindsie"? Ich fragte: „Hast Du vergessen, was Sindsie sind?" Nein meinte sie: „Ich weiß nur nicht mehr, woher der Name kommt. Als ich hier am Massagetisch gelegen bin, wurde mir bewusst, ich habe so vieles aus meiner Kindheit vergessen." Nun erzählte ich ihr, wie es zu diesem Namen gekommen ist. Wir lebten einige Zeit in Bad Gastein und betrieben ein kleines Restaurant. Im Sommer war der Sohn einer Schulfreundin als Ferialpraktikant bei uns. Nachdem er nicht das helfen konnte was seine Mutter versprochen hatte und uns von der Arbeit abgehalten hat, habe ich ihn einmal in den Garten um Ribisel geschickt. Er fand sie nicht, deshalb nahm ich meine damals dreijährige Tochter auf den Arm und ging mit dem jungen Mann zu den Ribisel-Sträuchern. Dort angekommen machte ich eine Handbewegung zu den Sträuchern und sagte zu ihm: „Da sind sie:" Einige Tage später wollte meine Tochter Sindsie haben. Wir wussten nicht, was sie meinte, bis mir einfiel, sie konnte nur die Ribisel meinen. Das war auch so. Seither wurden die Ribisel nur mehr Sindsie genannt.

Meine Tochter und ich haben uns anschließend mit unserer Vergangenheit auseinandergesetzt. Wie sie mir einige Zeit nachher erzählte, hat sich bei ihr dadurch das Problem, weswegen wir dieses Ritual machten, erledigt.

Zwerge in die Gondel

Meine jüngere Tochter war oft schwermütig. Nach meiner Ausbildung zur Humanenergetikerin bat sie mich, bei ihr Aura-Techniken anzuwenden. Ich testete aus, was ich für ihr höchstes Wohl tun darf. Dieses Mal war die Aufgabe, Fremdenergien wegzuschicken. Es waren nur gutmütige, keine bösartigen und ich schickte sie mit einer goldenen Gondel dorthin, wo es ihnen gut geht und sie eine Aufgabe haben werden. Als ich fertig war, erzählte ich meiner Tochter: „Das waren so viele kleine lustige Leute, nur einige große. Sie waren fröhlich, purzelten in die Gondel und winkten lachend zurück. Es waren so viele, ich konnte sie gar nicht alle auf einmal wegschicken. Wir müssen in einigen Tagen den Rest wegschicken."

Als ich meine Tochter fragte, was das sein könnte, sagte sie spontan: „Na die Zwerge." Als sie ein Kleinkind war, war sie öfter allein in ihrem Zimmer und spielte. Ich musste damals viel arbeiten, lief aber sehr oft in den zweiten Stock unseres Hauses, um bei ihr zu sein. Trotzdem war sie einsam und holte sich die Zwerge als Spielgefährten, wie man es ja von Kindern kennt. Mit der Zeit wurden ihr aber die Zwerge zur Last, sie hatte sie jahrelang mitgeschleppt. Meine Tochter war nach dem Ritual sehr erleichtert, das wirkte sich auf ihr ganzes Gemüt aus.

Craniosakral

Bei dieser Arbeit ist es wie bei jeder „geistigen Arbeit" besonders wichtig, mit den Gedanken bei der „Sache" zu sein, denn wo die Gedanken hinfließen, fließt auch die Energie hin! Da ich einige Male von Menschen hörte, wie wunderbar bei ihnen Craniosakral gewirkt hätte, wollte ich diese Methode kennenlernen, um sie eventuell in weiterer Folge durch Ausbildung zu erlernen und in meiner Praxis anzuwenden. Nachdem ich aber durch meine Erfahrungen nicht davon überzeugt war, habe ich es beim Ausprobieren belassen.

Ich hatte mit „Cranio Sakral" einige Erlebnisse:
Das 1. Erlebnis
Mich plagten seit einiger Zeit Kopfschmerzen daher wendete ich mich an eine Frau im Weinviertel, die Craniosakral anwendet. Ich wollte diese Technik kennenlernen.
Ich dachte, meine Mutter könnte der Grund der Kopfschmerzen sein. Auf dem Weg zur Humanenergetikerin sah ich einen wunderbaren Regenbogen, der mir viel Zuversicht gab. Nachher war mir allerdings seine Botschaft klar.

Ich sollte mich auf einen Massagetisch auf den Rücken legen. Die Humanenergetikerin legte eine Hand unter meinen Nacken, die andere zum Steißbein. Nach kurzer Zeit erklärte sie mir: „Im Kopf spüre ich nichts. Ich spüre nur, dass das Herz immer wieder von links nach rechts hüpft." Darauf musste ich lachen und sagt: „Das kann ich verstehen." Auf ihre Frage, warum ich das verstehen kann, erzählte ich ihr meine Situation. Es gab damals einen Mann in meinem Leben, der mir sehr wichtig war. Einerseits liebten wir uns, andererseits getraute ich mich auf eine Beziehung nicht mehr einlassen.

Die Humanenergetikerin ging wunderbar auf dieses Thema ein und hat mir sehr geholfen damit umzugehen.

Das 2. 3. und 4. Erlebnis
Ich bin Mitglied von einem Talente-Tauschkreis (TTK. Da wird mit Stunden verrechnet und nicht mit Bargeld. Ich hatte sehr viele Gutstunden und wollte mir etwas Gutes tun bzw. tun lassen, daher fuhr ich zu einer Frau, die über den TTK Craniosakral anbot. Ich wog damals um 26 Kg mehr als heute. Diese Frau konnte mir nicht helfen, den sie erzählte mir vom Anfang der ersten Sitzung bis zum Ende der 3. Sitzung (dem 4. Erlebnis), von ihrem Mann und ihrer Familie. Sie konnte gar nicht „bei mir" sein. Sie war immer nur bei ihr und ihren eigenen Themen.

Etwa ein Jahr später habe ich das Thema „Übergewicht" mit Blockadenablöse selbst bei mir abgelöst. Das hervorragendste Erlebnis war: Im Alter von etwas über sechs Wochen wäre ich fast verhungert.

Das 5. Erlebnis
Von einer sehr bekannten Ärztin bekam ich eine Empfehlung für einen Arzt in der Mariahilferstraße, der mit Cranio-Sakral arbeitet. Er war sehr teuer, aber mein damaliges Anliegen und die Neugierde wie er mit Cranio-Sakral arbeitet, war es mir wert.

Mein Thema waren die großen Tränensäcke.
Auch er legte wie die anderen beiden vorher, eine Hand auf den Nacken, die andere auf das Steißbein. So lag ich etwa 20 Minuten in Schweigen eingehüllt, was mich allerdings nicht störte. Zum Abschluss erklärte er mir, dass in meinem Kopf zu viel Wasser wäre. In den nächsten Tagen sollte außergewöhnlich viel Harn abgehen.

Nachdem er mir am Telefon erklärte die erste Sitzung dauert eine volle Stunde, nahm er sich für das Ausstellen des Zahlbeleges sehr viel Zeit, es kam aber trotzdem nur zur Dauer einer halben Stunde. Was mir völlig egal war, wenn es wie versprochen geholfen hätte.

Es war nicht so wie er mit dem Urin erklärte. Die Tränensäcke verringerten sich auch nicht, daher fuhr ich noch einmal zu ihm. Dieses Mal verlangte er um 20 Euro weniger, aber ich ging auch nach 20 Minuten wieder aus der Praxis.

Dieses Mal beobachtete ich ihn, ich spürte, dass er nicht bei mir war, sondern seine Gedanken waren ganz wo anders. Ich testete es für ihn nicht bemerkbar mit den Fingern aus. Es war so, er war nicht bei der „Sache".

Zu ihm sagte ich nichts, auch zu der Ärztin, die mich zu ihm gewiesen hatte, nicht. Die Ärztin war großartig, besonders bei MS-Patienten.

Pranic Healing

Das Wort Prana kommt aus dem Sanskrit und bedeutet Lebenskraft, Lebensenergie.

*Die von Master Chao Kok Sui gelehrte einfache und doch enorm wirkungsvolle Methode ist eine der ältesten Formen natürlichen Heilens. Der Therapeut überträgt nach gründlicher Reinigung Prana oder Lebensenergie auf den Klienten, wodurch dessen Selbstheilung erfolgen kann.*

*Die von Master Choa nach langjährigen Studien entwickelte, klar umrissene und erprobte Behandlungsmethode ermöglicht es jedem Menschen auf einfache Weise Aura und Chakren zu fühlen, zu reinigen und zu energetisieren, um die Harmonie der verschiedenen Körper wieder herzustellen.*
*In der Ausbildung lernen sie ein Maximum an praktischen und präzisen Techniken für den Alltag.*

Ich hatte einen Vorgeschmack vor Jahren auf der Akademie für Ganzheitsmedizin, was mich bewogen hat, die Ausbildung zu machen.

Chrisam-Messe

Aus Wikipedia, der freien Enzyklopädie:

**Chrisam** *(von griech. ich salbe; davon abgeleitet chrisma (Salböl) und christos (der Gesalbte)), vgl. Christus ist ein in der röm. kath. und altkatholischen Kirche verwendetes Salböl. Es handelt sich um Olivenöl, dem wohlriechende Balsame beigemischt sind.*

*Der geistliche Sinn der Beimischung besteht darin, dass die mit Chrisam Gesalbten, die Christen, den „Wohlgeruch Christi", nämlich das Evangelium, verbreiten sollen. Man gebraucht den Chrisam für die Salbung nach der Taufe (falls sich die Firmung nicht sogleich anschließt) bei der Firmung (als ihr wesentliches Zeichen) bei der Ordination eines Priesters oder eines Bischofs (als nachrangiges Zeichen) des Altars bei seiner Weihe der Glocken bei ihrer Segnung (fakultativ).*

*Bei der Krankensalbung sowie der Salbung der Katechumen (während des auf die Taufe vorbereitenden Katechumenats oder, dann fakultativ, unmittelbar vor der Taufe) wird Oliven- oder anderes Pflanzenöl ohne Beimischungen verwendet (Krankenöl bzw. Katechumenöl).*
*Das Öl ist Sinnbild für Gesundheit, Freude, Kraft und Glück (vgl. die Psalmverse Ps 45,8). Die drei heiligen Öle werden in der Chrisammesse am Vormittag des Gründonnerstags (oder an einem früheren osternahen Tag) vom Bischof gewöhnlich in der Kathedralkirche geweiht.*

Ich habe einer Chrisam-Messe, die von Kardinal Schönborn im Stephansdom abgehalten wurde, beigewohnt. Dabei habe ich etwas sehr Interessantes erlebt.

Jeweils drei Diakone trugen große Urnen mit Öl zum Altar. Der Deckel wurde abgeschraubt und der Kardinal leerte aus einem kleinen Glaskrug etwas Öl zu dem Öl in den Urnen. Dann nahm er einen langen dünnen Stab, rührte in den Urnen um, entnahm den Stab wieder, der von einem Messdiener über einem Tüchlein (wahrscheinlich damit es keine Tropfen am Boden oder der Kleidung der Priester gibt) weggetragen wurde.

Anschließend beugte der Kardinal seinen Kopf bis zur Öffnung der Gefäße. Er kreiste mit dem Kopf, als würde er eine energetische Handlung vollziehen (vielleicht sollte es kein Kreis, sondern ein Kreuz sein). Ich dachte dabei: „Wenn er jetzt wirklich demütig und wahrhaftig Gott um Segen und Heilung durch das Öl bittet, wird dieses Öl ganz bestimmt eine heilende Wirkung haben."

Solch ähnliche Handlungen vollziehe ich bei einigen energetischen Methoden.

Energetisieren

Eine Klientin erzählte mir, dass sie den Schmuck, den ihre Mutter zu Lebzeiten getragen hat, nicht tragen kann und verkaufen will, weil die Mutter sehr oft böse zu ihr war. Ich legte der Frau nahe, dass sie zur nächsten Sitzung den Schmuck mitbringen soll, (was sie auch getan hat) damit ich ihn „energetisieren" kann.

Ich habe den Schmuck auf einen Tisch gelegt und mit erhobenen Armen die geistigen Helfer um Hilfe und Unterstützung gebeten, und Gott um Segen. Dann habe ich mit den Händen die schlechte Energie „abgelöst", mich tief verbeugt und die Mutter Erde gebeten, diese Energie aufzunehmen und zu neutralisieren. Anschließend habe ich mit der linken Hand empfangend und mit der rechten Hand gebend, gute Energie mit Farbe in den Schmuck „eingearbeitet".

Plötzlich fühlte ich, wie der Schmuck die „Schwere verlor", eine „Leichtigkeit bekam" und Liebe ausstrahlte. Das war ein wunderbares Gefühl, auch meine Klientin konnte es wahrnehmen. Ich durfte meiner Klientin vermitteln, dass ich das Gefühl habe, dass sie ihre Mutter um Verzeihung bittet für alle Verletzungen, die sie ihr zugefügt hatte, solange sie lebte. Dann habe ich allen geistigen Helfern für ihre Hilfe und Unterstützung gedankt und Gott für den Segen und dass ich sein Werkzeug sein durfte. Es war also eine zur Heilung verhelfende Handlung, die ich vollziehen durfte.

Der Fluch

Schon bei einer Aufstellung stellte sich heraus, dass der Mann einer Klientin außer Depressionen auch durch Fremdenergie belastet ist. Das heißt nicht er persönlich, sondern auf dem Haus, das er von seinen Eltern geerbt hatte und bei dem er dabei war es „abzureißen", liegen einige Flüche, die sich auf ihn auswirken.

Nachdem der Mann selbst keine Ablöse durchführen wollte, fragte die Frau ihren Ehemann, ob sie das für ihn stellvertretend machen dürfe. Er war erleichtert, dass sie das für ihn tun würde. Als sie dann bei mir war fragten wir ab, ob sie als Stellvertreterin für ihren Mann stehen darf. Das Unterbewusstsein bejahte es. Für die Ablöse der Flüche bedurfte es zwei Sitzungen. Nach der ersten Sitzung war meine Klientin bei ihrer Freundin, die vis a vis vom Elternhaus ihres Mannes wohnte. Diese erklärte ihr, dass sich beim Haus in den letzten Tagen etwas verändert hätte. Dieses Dunkle vorne ist weg. Auch links ist es heller geworden. Nur beim Schupfen (ein Abstellgebäude) ist es noch sehr dunkel. Dann hatten wir die zweite Sitzung, nach der auch der sogenannte Schupfen und was dazu gehörte, energetisiert war. Keine Frage, dass auch beim Mann eine Besserung eingetreten ist. Die Depressionen/anhaltende negative Gefühle, durfte sie nicht in Stellvertretung ablösen, für die musste er selbst kommen, sagte das Unterbewusstsein. Ich nehme an, dass er durch die direkte Ablöse bei ihm, Erkenntnisse erlangen würde, die für sein höchstes Wohl maßgeblich wären.

# ZWEIFINGERTECHNIK
## Schmerzfrei mit zwei Finger

Eine wunderbare Selbstheilmethode ist die energetische Ausgewogenheit. Bei verschiedenen Schmerzen kann es eine mögliche Hilfe sein, einen Daumen oder 2 Finger auf die schmerzende Stelle zu legen. Unsere Finger sind wie Pole. Der Daumen jeder Hand ist „neutral", die Finger sind abwechselnd Plus + Minus, wie bei einer Batterie, bei der Plus und Minus zusammen erst die Glühbirne zum Leuchten bringen. Mit dieser Methode helfe ich nicht nur sehr oft mir selbst, auch anderen Menschen.

Eine Frau in unserer Pfarre ist gestürzt und hatte ihr Kinn blau. Ich erklärte ihr die Zweifingertechnik und sagte noch dazu, ich weiß nicht, ob es dir hilft, aber es schadet dir nicht, wenn du so oft du daran denkst, die Finger auflegst. Als wir uns das nächste Mal sahen war sie begeistert, weil die blauen Flecken so schnell verschwunden waren. Auch bei Zahnschmerzen hat es einer Frau geholfen. Ich machte sie allerdings darauf aufmerksam, dass sie trotzdem zum Zahnarzt müsse.

Ich könnte ein Buch mit den Hilfen der Zweifingertechnik füllen, doch ein Erlebnis möchte ich noch erzählen.

Einmal stand ich bei einer Straßenbahnhaltestelle und hörte, wie eine Frau zu einer anderen sagte, ich fahre jetzt ins Krankenhaus, damit ich einen Operationstermin für mein Knie bekomme. Da konnte ich nicht stumm bleiben und entschuldigte mich bei den Frauen für meine Einmischung in ihr Gespräch. Der Frau mit dem Knieproblem gab ich den Rat, mit der OP noch zu warten und erklärte ihr die Zweifingertechnik. Sollte ihr das nicht helfen, kann sie immer noch ihr Knie operieren lassen. Ich habe das Gesicht dieser Frau vergessen und hätte sie nicht mehr erkannt, wenn sie mich nicht einige Monate später als wir uns zufällig wieder trafen, angesprochen hätte. Sie erzählte mir, dass sie keine Schmerzen hat und OP brauchte sie auch keine. Wenn das Chirurgen lesen würden, gebe es wieder einen Aufstand gegen mich.

## SCHAMANISCHE METHODEN

Ich schätze die Arbeit mit schamanischen Methoden sehr, aber mit dieser arbeite ich weniger, da manche Menschen eine Aversion dagegen haben. Die Bekanntesten sind sicher die „schamanische Reise" und die „Rückerinnerung". Aber mit schamanischen Ritualen werden Flüche aufgelöst, Fremdenergie weggeschickt und vieles mehr.

Ich trommle zwar bei der schamanischen Arbeit nicht, doch die meisten Rituale sind mit Visionen verbunden. So fragte mich z.b. bei einer Übung ein Kollege, warum ich von meinem Sitzplatz, der knapp neben der schamanischen Handlung, welche er durchführte, verließ und mich weiter weg hinsetzte. Er staunte sehr, als ich ihm erklärte, dass ich das Gefühl hatte, die geistigen Helfer brauchten den Platz zum Arbeiten.

### Wer ist Schamane?

Aus Wikipedia:

*„Eine Person, die in Ekstase Verbindung mit Geistern und den Seelen Verstorbener aufnimmt, um etwas zum Wohle der Gemeinschaft zu bewirken, zum Beispiel Heilung von Kranken, Abwendung von Unglücksfällen, Glück bei der Jagd.*

*Herkunft: von tungusisch gleichbedeutend „šaman" entlehnt, das auf sanskrit „śramaná" „Bettelmönch" zurückgeht.*

*Beispiele:*

*Der eingängige Rhythmus der Trommel hilft dem Schamanen, sich in Trance zu versetzen und spielt bei allen Ritualen eine wesentliche Rolle. Stirbt ein Schamane, wird seine Trommel zer-schnitten oder zerstört, damit er sich von der Erde verabschieden kann.*

*„Alle Beschwörungen, die Orwo kannte, bestanden aus fremden, dem Korjakischen, der Eskimosprache oder gar dem Ewenkischen entlehnten Worten, die kein gewöhnlicher Mensch verstand, auch wenn sie ihm gehörten oder ihm von einem Schamanen verliehen worden waren." „Schamanen sollten die gesamte wahrnehmbare Welt deuten."*

*„Der Priester als Mittler, zwischen Menschen und göttlicher Welt findet sich auch heute noch bei Kulturen mit Ackerbau und Viehzucht (zu denen die Kelten gehörten), während der Schamane bei den Jägern, Sammlern und Hirtennomaden anzutreffen ist."*

## Schamanische Reisen oder Erlerntes?

Es heißt, dass man von Geistreisen wie die Schamanen sie machen, großes Wissen mitbringt, dass man dadurch weise wird.

Ich habe solche Reisen in meiner Jugend gemacht, daher wusste ich oft nicht, woher ich Dieses oder Jenes kannte oder wusste. Es geht mir auch jetzt oft noch so.

Damals hätte es auch Erlerntes aus den Lehrbüchern, die mir unser Schuldirektor und der Pfarrer gebracht hatten, da mir mein Vater ein Studium verweigerte, sein können. Ich habe die Bücher verschlungen. Halbe Nächte lang habe ich gelesen.

Als ich einmal gelesen habe, dass es sein könnte, wenn man während einer schamanischen Reise erschrickt, dass der Geist nicht mehr in den Körper zurückkommen kann, habe ich aus Angst davor viele Jahre keine gemacht. Sollte das sein, wäre man wahrscheinlich geistesgestört. Inzwischen habe ich gelernt, wie ich meinen Geist oder den Geist anderer Menschen wieder heil zurückbringen kann. Ich begleite bzw. führe bei schamanischen Reisen manche Klienten oder bei Seminaren in die „Anderswelt", wie man das nennt. Führen nur dann, wenn sich jemand zu lange in einer schlechten Situation befindet oder wenn er den Weg zurück verloren hat, ansonsten begleite ich nur.

Birnbaum ohne Krone

Eine Frau deren Mann, kurz bevor sie zu mir um Hilfe kam, plötzlich verstorben ist, wollte wissen, wie es ihm im Jenseits geht. Das heißt, sie wollte in Wirklichkeit ihre Schuldgefühle ablegen. Der Grund dafür war folgendes. Ihr Mann war immer derjenige, der alles in ihrer Ehe bestimmte. Wenn er sprach war es seine Wohnung, sein Auto, sein Geld, obwohl auch sie ihren Gehalt einbrachte. Er traf auch immer Entscheidungen, ohne sich mit ihr abzusprechen. Sie fühlte sich dadurch sehr oft verletzt. Etwa ein Jahr vor seinem Tod hatte sie von ihrer Tante geerbt. Mit diesem Erbe kaufte sie ein Häuschen an einem See. Sie wusste zwar, dass er solches gerne hätte, hat aber trotzdem nicht mit ihm darüber gesprochen, weil sie ihm zeigen wollte, wie es ihr mit seinem Verhalten in all den Jahren erging. Das passte ihm gar nicht, aber er konnte es nicht ändern.
Nun befürchtete sie, dass sie sich durch dieses Verhalten an ihm schuldig gemacht haben könnte.

Sie machte eine schamanische Reise, bei der sie zu einem Haus kam, in dessen Garten ein Birnbaum stand. Der Baum war stark, gesund, blühte und trug gleichzeitig Früchte. Nur der Wipfel war dürr, abgestorben. Ihr wurde dadurch bewusst, dass es ihm gut geht, aber die Krone, seine Überheblichkeit hatte sie gestutzt. Nachdem der Baum Blüten und Birnen hervorbrachte, war es für sie sogar eine Bestätigung, dass sie ihm durch ihr Verhalten im Jenseits sogar zum Frieden verholfen hat. Es hätte auch ein anderer Baum sein können, aber die Birnen verglich sie mit seiner Kopflastigkeit. Man sagt doch oft: „Du hast nichts in der Birne", wenn der Kopf gemeint ist.

Die Blüten dagegen werden mit Harmonie, Ruhe und Frieden verbunden.

Ich wusste nicht, dass es im Tod so schön ist
Eine junge Frau mit etwa 21 Jahren, ersuchte mich vor Jahren um ein Trauergespräch. Mit ihrem Lebenspartner im gleichen Alter, hatte sie am Abend Streit und am Morgen lag er tot im Bett. Sie bat mich inbrünstig, dass ich ihr als Medium diene, um zu erfahren, ob ihr der Partner im Tod noch böse ist, und, ob es ihm gut geht. Ich hatte jedoch das Gefühl, dass das zu diesem Zeitpunkt nicht richtig wäre. Sie war noch nicht so weit, denn sie war von Neugierde geplagt und wollte sich damit von jeder Schuld befreien. Ihr Ego, stand ihr sozusagen im Wege. Deshalb setzte ich mich mit ihr auf eine weiche kuschelige Liege und las ihr einige Stellen aus dem kleinen Prinzen vor. Bei einigen Texten erklärte ich ihr, dass ich das Gefühl habe, sie sei im Moment in diesem Zustand.

Als sie zu einem 2. Trauergespräch kam, hatte ich am Ende des Gespräches das Gefühl, dass sie nun die Reife hätte, um eine Schamanische Reise zu machen. Wir vereinbarten dafür einen weiteren kostenlosen Termin.

Sie legte sich auf einen Massagetisch und ich gab ihr ein Tuch für die Augen.

Die Reise begann, in der ich sie begleitete.
Sie ging eine Straße entlang. Ein paarmal fragte ich sie, ob sie wieder zurückkommen möchte, doch sie wollte nicht. Nach einiger Zeit traf sie auf einige Kinder, die sie eine Felswand hinunterbringen wollte. Dafür brauchte sie meine Hilfe.
Als sie und die Kinder „unten" waren, spielte und unterhielt sie sich mit ihnen. Als sie bereit war zurückzukehren, musste ich ihr helfen, die Kinder wieder auf die Straße zu bringen. Da wollte sie aber trotzdem noch bei den Kindern bleiben, denn sie musste sie, wie sie es nannte, in Sicherheit bringen. Also ging sie mit den Kindern die Straße weiter, bis sie in eine Stadt kam. Da begegnete sie einer alten Frau, der sie die Kinder übergab. Nun konnte sie sich von den Kindern und der alten Frau liebevoll und wertschätzend verabschieden und von der Anderswelt zurückkehren.

In der Zeit, in der ich sie energetisch in die Gegenwart brachte, überlegte ich, was ihr diese Reise zeigen sollte. Ich war mit meinen Gedanken noch nicht am Ende, als sie das Tuch von den Augen nahm, sich aufsetzte und sagte: „Ich wusste gar nicht, dass es im Tod so schön ist." Dabei strahlte sie so sehr, dass ich sie darauf aufmerksam machte, am nächsten Tag beim Begräbnis achtzugeben, damit sie nicht so strahlt, denn das könnte als herzlos ausgelegt werden. Die anderen Trauernden wussten doch nicht, welche Erkenntnis sie erlangt hatte.

# SPIRITUALITÄT
## Der 6. Sinn

Am Anfang war das Wort. Setzen wir uns also mit dem Wort „Spiritualität" erst einmal auseinander. Bei Wikipedia steht unter:

*SPIRITUALISMUS (lat. Spiritus „Geist"),*
*Philosophisch: die Auffassung, dass alles Wirkliche Geist ist und die Materie nur eine Erscheinungsform des Geistes sei.*
*Gegensatz; „Materialismus"*

*SPIRITUELL (lat.), geistig, übersinnlich.*

*SPIRITUS (lat.)*
*Hauch, Atem, Geist; Spiritus sanctus = Hl. Geist; Spiritus rector = führender Geist, treibende Kraft.*
*Bezeichnung für Alkohol, besonders in dessen durch Zusätze ungenießbar gemachtem Zustand (Brenn-Spiritus, Hartspiritus.)*
*Spiritualität meint also: die „Wahrnehmung des Geistes", des „Über-Sinn-lichen.*

Spiritualität ist also das, was wir mit den uns schon bekannten fünf Sinnen nicht wahrnehmen – deswegen oft nicht als die „Wahrheit" annehmen. Wir können das Übersinnliche, mit dem sogenannten sechsten Sinn wahrnehmen. Er ist ein von Forschern noch nicht nachgewiesener Sinn, trotzdem aber existierend.

Viele Menschen verwechseln Spiritualität mit Religiosität oder sie vermischen die beiden Qualitäten.
Spiritualität ist die Wahrnehmung der direkten Verbindung - Mensch und Gott, dem ganzen Universum. Gott hat jedem Menschen Selbst-Verantwortung übergeben. Gott gibt auch jedem Menschen persönliche Weisungen.

Religiosität ist, wenn jemand es als die Wahrheit annimmt, was Vertreter von Religionen empfehlen, ja sogar vorschreiben und teilweise bestimmen, was andere Menschen glauben oder tun müssen, um in den Himmel oder ins Nirvana zu kommen und diese es glauben, weil sie selbst Gott nicht wahrnehmen.

Niemand kann sich vor Gott der Verantwortung für sein Handeln und Tun entziehen und keine Obrigkeit einer Religion kann für einen anderen Menschen die Verantwortung vor Gott übernehmen.

Bei Gesprächen über Sterben und Tod, ist auch für Menschen, welche vorher behaupteten, dass es Gott nicht gibt, Spiritualität die wichtigste Grundlage.

Kennen sie den Zustand den Friedrich Hölderlin so beschreibt: *„Eines zu sein mit allem, das ist das Leben der Götter, das ist der Himmel der Menschen"*?

Fünfzig Jahre musste ich alt werden, um Augenblicke solcher Seligkeit zu erfahren. Inzwischen habe ich gelernt, diese Momente länger wahrzunehmen, aber steuern oder herbeiführen kann ich sie trotzdem nicht und diese Momente gehen bei mir nicht über „Augenblicke" hinaus. In der Meditation allerdings bin ich oft für lange Zeit, voller Demut, Hingabe und Liebe. Dabei habe ich das Gefühl: "Wenn ich noch mehr liebe, löse ich mich auf." So stelle ich mir Gott vor. Weil er pure Liebe ist, kann man ihn nicht begreifen, nicht angreifen. Aber kein Mensch kann sich in oder aus Liebe auflösen. Wahrscheinlich kann ich deswegen nicht „mehr lieben", damit ich mich eben nicht auflöse. Doch das nenne ich nicht „eines zu sein mit allem", sondern, „verbunden zu sein - Harmonie mit allem." Diese Gefühle in der Meditation sind ganz anders, wie die Zeit der Nahtoderlebnisse oder in den Augenblicken der Seligkeit.

Bei einer Gesprächsrunde meinte einmal ein Mann: „Eigentlich hat uns Jesus belogen. Er hat uns den Himmel auf Erden versprochen." Dieser Mann aus der Gesprächsrunde hat nicht wahrgenommen, dass wir wohl den Himmel auf Erden haben würden, würden wir die Empfehlungen Jesus befolgen.

Trotzdem bliebe noch das Leid, das durch Krankheiten ausgelöst wird. Wahrscheinlich weniger, wie bei einem Leben nach Jesu Vorbild, weil es meistens die Seele ist, die Krankheiten auslöst. „Je mehr Harmonie in Körper, Geist und Seele, desto weniger Krankheiten und Leid."


## Yin Yang

Ich wunderte mich oft über mich, weil mich Marienlieder immer tief berühren, obwohl für mich Maria eine ganz normale Frau ist und nicht die Mutter Gottes.

Wenn ich aber einen evangelischen Gottesdienst besuchte, fühlte ich eine Kälte und es fehlte mir etwas. Ich dachte jedes Mal, weil die evangelischen Gotteshäuser im Gegensatz zu den katholischen nicht so pompös sind. Seit einiger Zeit ist mir aber bewusst, was das Gefühl der Kälte in mir erzeugte. Obwohl es in der evangelischen Kirche Frauen im Priesteramt gibt, ist sie doch männlich geprägt. Es fehlt das Weibliche, es fehlt das Yin, es fehlt Maria.

Maria verkörpert für mich das Weibliche in Gott. Yin und Yang ergeben erst ein Ganzes.
Das Weibliche ist immer sanfter, zärtlicher, wärmer.
Das Männliche hingegen ist stark und kräftig.
Wenn ich in Gefahr war, war mein für mich Vater da. Als ich aber noch ein Kleinkind war, war meine Mutter mit ihrer Zärtlichkeit für mich da.

Nachdem ich viele Jahre lang für meine Kinder Vater und Mutter war, durfte ich zwar sanft und zärtlich sein, aber ich musste auch stark sein. Da ist es kein Wunder, dass ich 2004 energielos wurde.

Ich weiß nun, die Marienlieder sprechen mich bis tief in meine Seele an, weil meine Seele die Verbindung zu Gott ist bzw. weil Gott in meiner Seele wohnt.

Autorin
Mein Weg bis zu diesem Buch
Ich wurde im Februar 1945 in einem kleinen Ort im Weinviertel in Niederösterreich geboren. Als Tochter eines Kaufmannes, habe ich diesen Beruf erlernt. Während der Lehrzeit besuchte ich in den Wintermonaten zweimal wöchentlich eine bäuerliche Fortbildungsschule. Zehn Jahre später, schon in Wien lebend, holte ich die Matura nach, machte den Bilanzbuchhalterkurs und schlug die Laufbahn als Steuerberaterin ein. Ich besuchte den Gastgewerbekurs mit anschließender Gastgewerbeprüfung. Auch eine Prüfung als Ausbildnerin legte ich ab.

Durch ein Kurz- und ein Nah-Tod-Erlebnis bei einem Unfall 1988, bekam ich eine andere Einstellung zum Umgang mit Leben, Tod und Trauer. Ich bin überzeugt: Wer liebevoll mit dem Tod umgeht, geht auch liebevoll mit dem Leben um. Seit dem Unfall bin ich auch Wahrnehmungsfähiger als ich es vorher schon war.

Deshalb besuchte ich seit dem Jahr 1990 Seminare, Vorträge und Vorlesungen sowie Lehrgänge an der Uni Wien und anderen einschlägigen Akademien (einschließlich einer ärztlichen Prüfung in Deutschland), welche alle dazu dienten, Menschen aus tiefen Krisen zu begleiten.

Außerdem setze ich mich seit 1990 als Beteiligte bei NGOs (Non Governmental Organization - nicht staatliche Organisationen) für Friede, Gerechtigkeit, Bewahrung der Schöpfung und der Menschenwürde, sowie für Neutralität und Wertschätzung aller Religionen ein.

März 1992 bin ich dem eingetragenen Verein „Arbeitsgemeinschaft Haus des Friedens" beigetreten und 1998 habe ich ehrenamtlich die Position als Obfrau übernommen. Eine Arbeits-Gemeinschaft für Lebens-, Sterbe- und Trauerbegleitung nach Elisabeth Kübler-Ross.

Den Verein lösten wir 2014 auf, da es inzwischen einige Hospize in Wien gibt, die viele ehrenamtliche Begleiter benötigen.

Zweck des Vereines war die Erarbeitung, Verbreitung und praktische Anwendung von Sterbebegleitung sowie Trauerbegleitung von Menschen, die sich durch einen Todesfall in einer seelischen Krise befinden.

2009 meldete ich das Gewerbe: „Humanenergetik" an.
Energethik gehört richtigerweise mit „h" geschrieben, denn es hat mit Ethik und Moral zu tun, doch von der Wirtschaftskammer wurde die Schreibweise ohne „th" gewählt.

Haben Sie schon meine anderen Bücher gelesen?

**„Engel Jenseitsbotschaften und anderes Außersinnliche"**
Erfahrungen einer Lebens- Sterbe- und Trauerbegleiterin
ISBN: 9 783732 235650

**„Ich helfe Dir Deine Trauer zu lindern"**
Unerträglichen Schmerz in Süße oder Liebesgefühle
umwandeln
ISBN: 9 783734 737015

**„Tod Krone des Lebens"**
Erfahrungen meiner eigenen Nahtoderlebnisse und
anschließend als Sterbebegleiterin
ISBN:9 783734 765674

**„Lebensfreude Schatz des Regenbogens"**
Obwohl die Seele unsichtbar ist, macht sie doch den Menschen
aus und ist für unsere Gesundheit verantwortlich
ISBN:9 783751 906272

**„Den Himmel auf Erden"**
Nachhaltig und friedvoll für Lebensqualität
ISBN: 9 783 751 933827

**„Menschen jeden Alters begleiten"**
Anregungen für Familienangehörige, Lebens-, Sterbe-,
Trauerbegleiterinnen und Begleiter
ISBN: 9 783751 957830

Quellennachweis
aus: Wikipedia, der freien Enzyklopädie
aus: „Channeling – Medien als Botschafter des Lichts"
aus: Three in One Concepts
von: Claire Avalon
von: Master Chao Kok Sui